길 위의 길

삶의 길이 막혔을 때 열어보는 지혜의 서書

길 위의 길

송석구 지음

한스컨텐츠

길이 없는 것이 아니라,
길을 모르는 것이다

평소 알고 지내던 김주영 작가가 2017년에 『뜻밖의 생』이라는 소설을 출간하였다. 이 소설의 말미에는 이런 구절이 있다. "해법은 고난보다 많다. 척박한 바위산 기슭에서 10년 동안 하루에 몇 그루씩 나무를 심고 있는 중국 농촌의 한 농부가 한 말이다. 그는 사고로 두 팔을 잃은 심각한 장애인이었다. 우리 삶에 있어서 해법은 고난보다 많다."

우리는 살아가면서 수많은 고난을 마주한다. 수시로 변하는 마음으로 인한 내적 고난뿐 아니라 본인의 의지와는 전혀 관계없는 일들, 가령 타인의 운전 실수로 인한 교통사고나 갑자기 찾아온 병 등으로 인해 겪게 되는 고난까지, 많은 요인들이 우리를 큰 고통 속으로 몰아넣는다.

하지만 우리는 어떤 고난이든 극복할 수 있다. 내가 만든 고난이든 외부에서 만들어진 고난이든 극복할 방법은 분명히 있다. '해법은 고난보다 많다.'라는 말을 남긴 농부는 작가가 소개한 것처럼 양팔을 잃었다. 대개 그런 상황에 처하면 절망하고 쉽게 포기하기 마련이지만, 농부는 고난을 극복하고 긍정적으로 세상을 바라보며 본인이 할 수 있는 최선을 다해 살아가고 있다.

'하늘이 무너져도 솟아날 구멍은 있다.'라는 속담처럼 시련과 고난이 우리를 찾아올지라도 분명히 극복할 방법은 있다. 그리고 그 방법은 우리가 자신의 인생을 긍정적으로 바라볼 때 찾을 수 있다. 어떤 어려움이 와도 긍정적인 마음가짐으로 새로운 길을 찾아나가야 한다.

2차원의 평면 세계를 사는 개미는 눈앞의 물건을 머리 위로 들어 올리면 물건이 없어졌다고 생각한다. 하지만 물건이 사라진 것이 아니라, 위라는 입체의 공간으로 올라간 것뿐이다.

삶을 살아가다가 우리는 벽에 막힌 것 같은 순간을 만난다. 그러면 길이 없다고 생각해서 좌절하고, 스스로를 망치거나, 극단적이고 무리한 시도를 해서 일을 더 어렵게 만들거나, 남에게 피해를 주는 사건 사고를 일으킨다. 그리고 정신적인 고통에서 오랫동안 허우적거리며 괴로워한다.

하지만 길이 없는 것이 아니다. 우리가 더 나은 길을 볼 수 있는 눈이 없기 때문에 좌절할 뿐이다. 길 위에 또 다른 길이 있다. 그 길을 찾으면 우리는 인생을 막힘없이 평안하고 즐겁게 나아갈 수 있다.

나는 80여 년을 넘게 산 인생 선배로서, 평생을 철학을 공부하고 가르친 철학자로서, 여러분이 그러한 길을 찾는 데 미력하나마 도움이 되고 싶어서 이 책을 썼다. 이 책을 읽는 동안 나와 동행하면서 여러분이 막힌 길에서 벗어나 새로운 길, 더 나은 길을 찾는다면 나로서도 더할 나위 없는 즐거움일 것이다.

이 책을 처음부터 끝까지 공부하듯이 읽지 않아도 된다. 세상살이에 지칠 때 우리가 고향의 가족들을 찾아 힘을 얻듯이, 답답할 때 한 번씩 꺼내서 읽고 도움을 받을 수 있는, 그런 편안한 책이기를 바란다. 해법은 고난보다 많다. 세상이란 지도를 읽는 지혜와 통찰을 가진다면 밝은 길은 여러분 앞에 늘 열려 있을 것이다.

차례

2부 일상을 누리며 사는 행복의 길

3부 생사의 두려움을 넘어서는 초월의 길

4부 가치 있는 인생을 만드는 수행의 길

1부

치열한 현실을 이겨내는 지혜의 길

삶이 어두울수록
자기 자신을 살펴라

당나라 법연 스님이 제자들과 함께 등불을 들고 캄캄한 밤길을 걷고 있었다. 그러던 중 갑자기 등불이 꺼지고 말았다. 어둠에 갇혀 허둥지둥하는 제자들을 보며 법연 스님이 하신 말씀이 바로 조고각하照顧脚下, 즉 '발밑을 살펴라.'였다. 이 가르침 속에는 우리가 어떠한 어려움에 봉착하더라도 자기 자신을 관조하면, 그 난관을 뚫고 나아갈 수 있다는 깊은 뜻이 담겨 있다.

운전을 할 땐 항상 전후좌우를 잘 살펴야 한다. 매 순간 주의를 집중하지 않으면 사고가 나기 때문이다. 우리네 인생도 마찬가지다. 순탄하기만 할 것 같지만, 우리의 삶에는 뜻하지 않은 변수가 늘 존재하기 때문에 항상 마음이 어떻게 움직이는지 살피며 내공을 쌓아야 한다.

내공을 기르기 위해서는 하루를 시작하는 순간부터 자기 자신에 집중하고 주의하는 자세를 가다듬어야 한다. 매일 아침 일어나 세수를 하고 거울을 볼 때마다 나를 살피고 '집중하자, 자각을 하자.'라고 다짐을 하면 자기 자신에게 관심과 주의를 기울일 수 있게 된다.

누구에게나 인생에 세 번의 고비가 찾아온다고 한다. 그러한 고비가 올 때 실패를 원망하고 고통스러워하는 것에 그친다면 더 이상의 발전을 도모할 수 없다. 실패를 소중한 자산, 새로운 기회로 만들기 위해서는 항상 스스로에게 관심을 두고 과거를 반성해야 한다.

늘 나의 마음을 자각하고 주의를 기울이는 것을 습관화한다면 그 어떤 상황에서도 자신을 잃지 않을 수 있다. 힘들고 어려운 시기가 찾아오더라도 조고각하의 뜻을 잊지 않고 가장 가까운 나의 마음을 살핀다면, 자신도 모르는 사이에 점차 마음의 내공이 쌓여 위기를 극복할 수 있게 되는 것이다.

돈을 벌고 싶다면
자비의 마음을 가져라

많은 사람들이 풍요로운 삶을 살기를 원한다. 즉, 누구나 부자가 되는 것을 원한다. 하지만 가지고 있는 돈의 액수가 많다고 하더라도 끊임없이 부에 대해 갈망하는 경우가 많다. 여기서는 진정한 부자가 되는 방법을 알려드리겠다.

첫째, 부자가 되고자 하거든 죄악감罪惡感을 줄여라.

둘째, 지출은 곧 수입이다. 우리는 종종 돈을 쓰는 것을 아까워한다. 하지만 친구를 위해서 밥을 사거나 돈을 쓸 때, 생각을 바꿔서 '이것은 수입이다.'라고 생각하면 잃는 것이 아

니다.

셋째, 잠재의식까지 긍정적이어야 한다.

넷째, 악조건 속에서도 호전될 기회가 있다는 것을 믿어야 한다. 아무리 상황이 어렵고 힘들더라도 언젠가 분명히 나아질 것이라고 긍정적으로 굳게 믿어야 한다.

다섯째, 감사하는 마음이 인생을 행운으로 바꾼다. 누군가를 만날 때 '나는 안 되겠지.'라고 생각하지 말고 '될 것이다.'라고 굳게 믿음을 가지면 끝내 긍정적인 결과를 얻을 수 있을 것이다.

추가로 부자가 되는 핵심 비결을 알려드리겠다. 그것은 바로 자비의 마음에 있다. 언뜻 자비와 부자의 관계가 잘 이해가 가지 않을 수 있지만, 곰곰이 생각해보면 관련이 있다는 것을 알 수 있다.

자비한 마음이란 타인과 나 자신이 하나라고 생각하는 동체대비同體大悲를 말한다.

예시 하나를 들려드리겠다. 아는 지인이 기체조를 통해서 타인을 치료하는 사업을 했다. 초반에는 수입이 괜찮았으나 갈수록 녹록치 않다고 했을 때 나는 자비의 마음이 떠올랐다.

도道는 돈을 버는 수단이 되어서는 안 된다. 기체조로 치료에 성공하기 위해서는 마음이 자비로워야 하는 것이다. 돈이란 치료를 하는 도중에 오는 부수적인 것으로, 결국 그것이 목적이 되어서는 안 된다.

주역을 공부하면 토정비결을 읽을 수 있게 된다. 그러한 주역을 공자는 천 번을 읽었다. 그러나 그는 그것을 통해서 사람의 운명을 보지 않았다. 타인에게 발설하지 않았고, 대가를 바라지도 않았다. 하지만 현대에는 그것이 점을 보는 것으로 변질되어버렸다. 사람들은 복채를 지불하고, 학자는 돈을 받는다.

돈을 받지 않으면 자비로운 것이다. 또한 자비스러운 마음이 있어 동체대비가 이루어져야 한다. 동체대비란 모든 부처님은 자비로 온갖 사람들을 극락정토에 왕생하도록 하기 때문에 그것은 아미타불의 자비와 본질을 같이 한다는 뜻이다. 즉, 타인이 느끼는 고통을 본인 스스로에게 가져와서 느낀다는 것이다.

이는 타인의 고통을 없애주기 위함이다. 나와 타인은 하나이고, 내가 아픈 것은 타인이 아픈 것이고, 타인이 아픈 것은 내가 아픈 것이다. 타인이 아픈 것을 나에게 가져와 뼈저리게 아프다보면 타인을 치료할 수 있다. 그러나 동체대비의 자비가 없이 치료를 한다면 치료가 되지 않는다. 또한 그렇다면 복이 없다.

사람들이 일을 열심히 하고 왜 돈을 못 버는지에 대해서 궁금해한다면 자비한 마음이 없기 때문이다. 마음이 자비로워야 한다. 너와 나는 하나라는 동체대비의 생각을 하고 살아가면 복이 온다.

또한 다른 사람을 위해서 노력하는 사람은 복이 저절로 찾아오기 마련이다. 누군가 어려운 일을 당하면 발 벗고 나서서 도와주는 것이 바로 자비로운 마음이다. 동물, 식물 그리고 사람 모두를 자비롭게 생각해야 한다. 어떠한 일을 한다 해도 자비한 마음을 가진다면 오래갈 수 있다. 자비의 마음으로 자신뿐만 아니라 타인도 살피는 힘이 있어야 한다. 그렇게 할 수 있다면, 반드시 경제적인 복록도 따를 것이다.

앞서 말한 다섯 가지 비결과 함께 자비의 마음을 가지고 독자 여러분들이 지혜롭게 살아가는 부자가 되시기를 바란다.

도전적인 삶을
살 수 있는 이유

사람은 누구든지 안정되고 편안한 삶을 살길 원한다. 그래서 웬만큼 원하는 목표를 이루면 도전을 멈추고 안정적인 삶을 유지하는 데 초점을 맞추려고 한다. 그러나 우리가 살면서 가장 금기시해야 하는 것은 바로 '안일한 삶의 태도'이다. 매일 반복되는 일과 속에서 도전과 성취를 경험하지 못한다면 삶이 무미건조해지고 정체될 수 있다.

사람들이 도전을 기피하는 이유에는 크게 두 가지가 있다. 실패에 대한 두려움, 그리고 다른 하나는 거창한 일에 문을 두드리는 것만이 도전이라는 생각 때문이다. 하지만 이러한 편견의 장막을 거둔다면 우리는 얼마든지 도전적인 삶을 살아갈 수 있다.

우리나라 최초로 피자 가맹점을 내어 큰 성공을 거두었던 사람이 있었다. 그러나 사업을 확장하는 과정에서 IMF가 터져 모든 것을 잃고 말았다. 그러나 그는 포기하지 않고 계속 도전하였다. 이후에도 몇 번의 실패가 있었지만 물러서지 않았던 그는 세 번째 빵집을 여는 성과를 거두었고, 지금도 더 큰 성공을 향한 도전을 이어가고 있다. '실패는 성공의 어머니'라는 말처럼, 그가 자신이 겪었던 실패를 오히려 새로운 도전의 기회로 여겼기 때문에 가능했던 일이다.

18살 때부터 IT회사 창업에 도전했던 K는 열댓 명의 직원들과 '실패 일기'를 작성했다고 한다. 왜 실패했는지 철저하게 분석하고, 새로운 방법을 모색하기 위해서이다. 그리고 그는 그 실패 일기를 바탕으로 지금은 유수의 IT 기업들과 어깨를 나란히 할 수 있게 되었다.

위의 예시 속 두 사람은 실패를 두려워하지 않았을 뿐만 아니라, 오히려 기회의 발판으로 삼았다는 공통점이 있다. 그러므로 우리는 실패를 패배감과 좌절감만 주는 대상으로 치부할 것이 아니라, 더 나은 방향으로 나아갈 수 있는 기회로 여길 필요가 있다.

도전은 대단한 것이 아니라, 일상생활의 아주 작은 것에서도 시도할 수 있다. 예를 들면 한 달에 한 권씩 책을 읽는다거나, 건강을 위해 주기적으로 운동을 하는 등 성취감을 느낄수 있는 일들을 우리 주위에서 얼마든지 찾을 수 있다.

사소할지라도 새로운 일에 도전하다보면 성취감이 생기고, 성취감을 동력 삼아 계속 도전을 하면 내공이 쌓여 어떤 어려움도 견디고 해결해나갈 수 있는 힘을 얻게 된다. 이처럼 실패를 마주할 수 있는 용기와 함께 작은 일부터 도전하려는 의지를 갖춘다면, 단조로운 일상에서 벗어나 활력을 찾을 수 있을 것이다.

그리고 다른 한편으로는 자신에 대한 진지한 성찰 없이 타인을 맹목적으로 따라가는 도전은 경계해야 한다. 내가 잘할수 있는 것은 무엇인지, 내게 맞는 일인지 고민의 과정을 반드시 거쳐야 자신에게 의미 있는 도전과 성취를 이룰 수 있다.

나는 가을이 오면 집 앞마당에 내려앉은 낙엽을 쓸어내는일로도 성취감을 맛본다. 여러분들도 일상생활에서 작은 도전들을 이어가며 성취감을 느껴보시기 바란다.

삶의 균형을 위한
절실함

세상을 보는 눈은 크게 두 가지가 있다. 하나는 주어진 사태에 순응하는 눈, 또 하나는 주어진 사태를 바꾸고자 하는 저항의 눈이다.

대부분의 사람들은 주어진 사태를 받아들이며 살아간다. 주어진 사태에 순응하는 사람들은 어떤 사건이나 형태든 언제나 일정하게 움직인다. 그러나 일부는 일정하게 움직이는 사태에 권태를 느끼고 바꾸려고 한다. 그 일차적 노력이 바로 저항이다. 혁명가, 철학자, 문학가들이 대표적인 저항의 눈을 가진 사람들이다.

우리는 일상적인 생활을 하면서도 마음속으로는 일탈을 꿈꾼다. 이 두 가지 생각은 균형이 맞아야 한다. 주어진 사태를 긍정적으로, 순응적으로 받아들이면서도 그것에 도전하여 새로운 삶을 도모하는 노력을 함께 기울여나갈 때 바람직한 방향으로 나아갈 수 있다. 하지만 그 균형이 깨지면 인격 파탄자가 될 수 있다. 저항의 생각이 더 강해지면 파괴적인 행동을 하게 되고 순응적, 상식적 생각이 더 앞서 있으면 매너리즘에 빠진다.

이 두 가지 삶의 관점을 잘 조절하기 위해서는 자신이 무엇을 원하고 있는가, 여기에 대한 절실한 마음이 있어야 한다. 절실함은 우리 삶의 균형을 맞춰준다. 성공도 절실할 때 가능해진다. 배가 고플 때에는 먹고 싶은 음식만큼 절실한 것이 없듯이 일상 속에서도 끊임없이 무언가를 갈구해야 한다.

나이를 먹을수록 절실함이 사라지기 쉽다. 순응하는 눈으로만 세상을 바라보기 때문이다. 그러나 나이가 들더라도 계속해서 절실함을 느낄 무언가를 찾아야 한다. 무엇을 하든 제대로, 절실하게 해야 한다. 그래야 자신이 진정 원하는 것을 실천할 수 있고, 그 과정에서 균형 잡힌 삶도 영위할 수 있기 때문이다.

강태공에게서 배우는
지도자의 길

　　중국 주나라의 강태공姜太公이 재상을 지
낼 때 지도자상에 관해 이야기했던 내용을 음미해보도록 하
자.

　"정의가 사욕을 이길 때에는 나라가 번영하고, 사욕이 정
의를 이길 때에는 나라가 망하게 된다. 공경하는 마음이 게으
른 마음을 이길 때 나라가 발전하고, 게으른 마음이 공경하는
마음을 이길 때에는 나라가 멸망하게 된다. 착한 일이라는 걸
알면서 실천하지 않고, 실천으로 옮길 시기가 되었는데도 주
저해 때를 놓치고, 옳지 않다는 것을 알면서 손을 끊지 못하

고 계속해나간다. 이 세 가지를 모르면 지도자가 아니다. 부드러우면서도 냉정을 잃지 않으며, 공손하면서 마음속에 경건한 생각이 있고, 강력하면서도 유화한 정신을 잃지 않으며, 인내할 때에는 인내하면서, 마음속에는 불의에 굴하지 않는 굳센 마음이 있어야 한다. 이 네 가지가 지도자상이다."

참된 지도자가 되기 위해선 위와 같이 수많은 도덕률이 요구된다. 많은 덕목을 하나하나 생각하며 지키는 게 여간 쉽지 않아 보이지만, 이 모든 것을 아우를 수 있는 방법이 있다. 바로 언제든 자기 자신을 반성하고 깨어 있도록 노력하는 것이다.

사랑, 인仁, 자비慈悲라는 도덕률의 근본은 내 마음속에 있다. 그 본성을 늘 깨어 있게 하기 위해선 항상 내가 무엇을 하는지, 어떤 마음을 갖고 있는지 자문自問해야 한다. 그렇게 하면 자신을 잘 다스릴 수 있고, 더 나아가 타인을 살피고 소통할 줄 아는 훌륭한 지도자가 될 수 있다.

'수신제가치국평천하修身齊家治國平天下'라는 말처럼 모든 일은 바로 나 자신으로부터 시작된다. 독자 여러분들은 항상 자신의 마음과 생각을 살피며 훌륭한 지도자가 되기 위한 초석을 닦아나가길 바란다.

위험을 대비하는
기록

　　지금 이 나라는 대통령 선거로 난리 법석을 떤다. 정말 훌륭한 대통령을 뽑아야 하지만, 어떤 사람이 진정 훌륭한 대통령이 될 것이냐 하는 물음에는 누구도 분명하게 대답하지 못한다.

　언제는 나라가 위기가 아닌 적이 있었던가. 외침으로부터 나라를 지키기 위해서는 언제나 긴장하고 유비무환有備無患의 정신을 가지고 대비해야 한다.

　나는 지금 유성룡柳成龍(1542~1607) 선생이 쓴 『징비록懲毖錄』을 생각한다. 임진왜란의 지옥 같은 전쟁을 종군일기와 같은 기록으로 남겼다. 얼마나 비참한 전쟁이었는가. 수십 일 만에 한양·개성·평양의 세 도읍을 잃었고, 온 국토는 피폐해 졌으며, 임금은 서울을 떠나 임진강을 건너 평양으로 피난을 가야 했다. 그때 온 백성은 왕의 피신을 슬퍼하며 거리에 누워 울었다.

지도자의 판단이 거칠고 예단과 예지가 없었기 때문에 전쟁 준비도 없이 파죽지세破竹之勢로 국토를 유린당하고, 백성은 굶고 싸움에 지쳐 있었다. 이러한 전쟁의 패망이 다신 일어나지 않아야 한다는 생각에 서애西厓 유성룡 선생은 『징비록』을 썼다. 징비란 단어는 『시경』에 '내가 지난 일의 잘못을 징계해서 후에 환란이 없도록 조심한다.'는 말에서 유래했다. 자신이 겪은 환란을 교훈 삼아 후일에 닥쳐올지도 모를 우환을 경계하기 위해 쓴 글이다. 저자는 자신의 잘못부터 조정 내의 분란, 임금에 대한 백성들의 원망 등 임진왜란을 둘러싸고 일어난 모든 일을 가감 없이 기록했다.

특히 서두에 조선조 초기 성종 때 일본에 사신으로 파견되었던 신숙주와의 대화를 소개한다. 죽음을 앞둔 신숙주에게 성종은 다음과 같이 물었다. "그래, 경은 나에게 남길 말이 있소?" 그러자 신숙주는 대답했다. "앞으로도 일본과 친하게 지내도록 하십시오." 그로부터 성종은 일본에 사신을 보냈으나, 대마도에서 풍랑을 만나 선물만 보내고 돌아온 일이 있었다. 그 후 일본에서는 사신이 10여 차례 왔으나, 우리는 가지 않았다. 도요토미 히데요시도 사신을 보냈으나, 우리는 1590년이 되어서야 보내게 된다.

서애 유성룡 선생이 일본과 잘 지내라고 말한 신숙주의 유언을 맨 먼저 쓴 뜻은 상대방 나라의 정보를 잘 파악해야 한다는 교훈을 후대에 전하고자 함에 있다. 1590년 황윤길을 상사로, 김성일을 부사로, 허성을 서장관으로, 일본의 도요토미 히데요시에게 사신을 보낸다. 1591년 봄, 히데요시를 만나고 돌아온 황윤길과 김성일 일행은 부산에서 조정에 글을 올렸다. 그때 황윤길은 머지않아 전쟁이 일어날 것이라고 보고했다. 그러나 부사인 김성일은 "신은 그런 기색을 느끼지 못했나이다." 정반대의 보고를 했다. 그리고 "황윤길이 공연히 인심을 현혹시키고 있사옵니다."라고 첨언까지 하였다.

이렇게 되자 조정의 의견이 둘로 나뉘게 되었다. 그래서 서애 선생이 김성일에게 다시 물었다. "그대 의견이 상사와 전혀 다르니 만일 전쟁이 일어나면 어쩌려고 그러오?" 그러자

김성일이 이렇게 답했다. "저 역시 일본이 절대 쳐들어오지 않으리라고 생각지 않습니다. 그렇지만 황윤길의 말이 너무도 강경해서 잘못하면 나라 안 민심이 동요될까봐 일부러 그렇게 말한 것입니다." 그러나 이미 조정에는 동인이 지배하고 있던 터라, 일본의 침략을 인지한 서인 황윤길의 의견은 묵살되어 전쟁에 대한 적절한 대비책이 마련되지 못했다.

만약 당시에 동인, 서인 모두 일본의 침략을 인지하여 미리 대비를 했다면 임진왜란은 일어나지 않았을 수도 있다. 어쨌든 불길한 기운을 느낀 서애는 정읍 현감으로 있던 이순신을 전라좌도 수군절도사로 임명할 것을 주청하여 이루어졌고, 그로 인하여 배 12척을 가지고 일본 130여 척의 수군을 이길 수 있었다.

이 일을 보면서 지도자의 판단이 얼마나 중요한지 새삼 느낀다. 지금 우리에게는 안보가 제일 중요하다.

세계 속의 한국은 과연 어떻게 살아갈 것인가? 강대국들은 서로의 이익을 위해 협상하고 견제하고 있다. 참다운 지도자라면, 그리고 대통령이 되려는 대망을 가졌다면, 가장 우선적으로 국가 안보에 관해서 대승적으로 하나의 길을 제시해야 한다.

지도자의 네 가지
바른 태도

　　지도자란 기상천외한 생각을 가지고 기발한 행동을 하는 사람이 아니다. 말을 잘하고 상대방을 궁지에 몰아넣어 항복을 받아내는 사람 역시 아니다. 이기면서도 지고, 지면서도 이기는 사람이 참다운 지도자다. 그런 사람이 한순간에 생기는 것은 아니다. 오랜 시간 오직 국민만 절실히 생각하는 그 사람이 지도자다. 오직 국가와 국민, 그리고 나와 너의 평화를 화두로 갖는 사람, 그런 사람이 지도자다. 마음이 하늘같이 맑고, 바다같이 넓은 은은한 사람이 지도자다. 그런 사람은 있을 수도 있고 없을 수도 있다.

그러나 있어야 한다. 지금까지는 안타깝게도 그런 모습의 지도자가 보이질 않지만 이 글을 보고 그런 사람이 나왔으면 한다.

나는 지도자의 첫째 요건은 정견正見을 가진 사람, 즉 먼저 모든 사태를 바로 볼 줄 아는 사람이어야 한다고 본다. 『징비록』에도 '임금과 조정의 대신들이 똑바로, 올바르게 보지 않았기에 임진왜란이 일어났다.'고 적혀 있다. 대원군의 쇄국정책이나 구한말의 우리 모습은 모두 똑바로 현실을 직시하지 않았기 때문에 국가적, 민족적 비극을 초래하였다.

정의·정직과 같은 덕목은 모두 정견에서 나온다. 정견은 앞·뒤·위·아래 어디에도 치우지지 않는 정중正中의 견해를 말한다. 모양이 둥글다, 모나다, 아름답다, 추하다에 집착하지 않고 있는 그대로 보는 눈과 고운 소리·탁한 소리 등에도 치우치지 않는 마음, 향기나 감촉 등에 빠지지 않는 견해 등을 인정할 수 있어야 한다. '정치 지도자가 무슨 도인이냐? 혹은 수신하는 사람이냐?'라고 말하는 사람도 있을 수 있다. 그러나 정치 지도자도 상식에서 출발한다. 상식은 우리 모두가 '아, 그렇다!' 하고 공감하는 사회적 공동의 통념이다. 이 상식이 곧 바로 보는 견해이며 상식이다.

둘째는 정사正思, 바르게 생각하는 일이다. 이 생각이 바른 생각인지 거짓 생각인지는 본인의 양심에서 판정된다. 자기가 자기 생각을 반성하면 바로 알 수 있다.

셋째는 정어正語, 바른 언어를 쓰는 것이다. 말은 그 사람 인격의 기준이 된다. 상대방을 칭찬하고 존중하는 말을 쓸 때 대립과 투쟁이 없어진다. 모든 갈등은 언어로부터 일어난다. 긍정적이고 생산적인 언어를 써야 지도자의 품위가 생긴다. 지도자가 풍기는 편안함, 친화력, 응집력은 바로 진실한 언어로부터 우러나온다. 마음으로 백성을 품는 사람은 언제나 주옥같이 빛나는 말을 한다.

또한 정어에는 거짓말을 하지 않는 것도 포함된다. 지도자는 거짓말을 해서는 안 되며, 상황이 바뀌었다고 말을 바꿔서도 안 된다. 혹 말을 바꿀 때에는 왜 바꿀 수밖에 없었는지 사정을 말하고 용서를 빌어야 한다. 사람은 잘못할 수 있기 때문이다.

정치하는 사람들이 잘못을 변명할 때 '정치는 생물이다'라는 말을 금과옥조金科玉條인 양 종종 사용한다. 하지만 그것이 말을 언제든 자기 편의에 따라 쉽게 바꾸기 위한 핑계가 되어서는 곤란하다. 정치는 죽은 물건이 아니라 살아 있다. 살아 있다는 것은 그저 존재해 있는 것이 아니다. 살아서 움직인다는 뜻이다. 살아서 움직여야 하기 때문에 죽어서는 안 되는데, 구질구질한 변명은 이미 죽은 것이다. 살아 있기 위해서는 바르게 살아야 한다. 아무렇게나 살아 있으면 죽은 것만 못하다. 사람은 사람답게 살아야 한다. 사람이 정치를 하는 것이기에 사람의 덕목을 유지하면서 정치를 해야 한다.

정계에서 네거티브라는 말도 많이 쓰인다. 누군가에 대한 네거티브는 한 인간을 파멸시키는 일이다. 인간의 인격적 가치를 말살시키는 행위이니 삼가야 한다.

마지막 네 번째는 정업正業, 바른 행동이다. 흐트러지지 않는 모습, 내공이 쌓인 태도는 바른 행동에 있다. 어디서나 바르게 걷고 정중한 태도, 봉사하는 활동을 하는 것이 바른 행동이다. 선을 보고 함께 행하고, 악을 보면 분노하여 악을 응징하는 파사현정破邪顯正의 행동은 참으로 아름답게 보인다.

우리는 대승大乘적 지도자를 원한다. 그리고 결단력이 있는 지도자를 그리워한다. 세계 속의 한국, 남북 대치 속의 우리, 과연 어떻게 살아야 할 것인가? 이제 『징비록』의 지옥 같은 전쟁을 막고, 평화를 유지하기 위해서는 언제든 전시 상황이 될 수 있다고 생각하면서 유비무환의 정신을 키워야 한다.

우리는 전쟁을 남의 일로 치부하고 있다. 전쟁이 일어나면 미국, 중국, 일본, 그 어떤 나라도 우리를 대신할 수 없다. 세계 10대 무역국인 대한민국이 같은 민족인 북한의 핵무기로 순식간에 삶의 터전을 잃을 수도 있다는 것이 냉정한 현실이다. 북한의 핵을 이길 수 있는 힘을 키울 때 한반도의 비핵화가 이루어진다.

북한의 핵으로 인해 미국은 국소 타격, 일본은 재무장을 외치고 있다. 중국은 사드에 대한 경제적 보복을 했다. 우리의 지도자는 이러한 우리의 현실을 직시하고, 본인이 가진 지도자의 자격이 어느 정도인지 반성하면서 부족한 것을 채우며, 새로운 민족의 미래를 보여주는 국민 통합의 길을 가야 한다.

자신을 지지해준 51%의 국민만 보고 가는 것이 아니라, 49%의 국민과도 함께 가는 지혜를 발휘하는 것이 통합의 길이다. 상대방을 적이 아니고 동지로서 포용하려는 아량과 관용이 있을 때 참다운 지도자가 되는 것이라 생각한다.

더 중요한 것과 덜 중요한 것을
구분하는 기술

마크 맨슨의 『신경 끄기의 기술』이라는 책에는 이런 문구가 있다. "애쓰지 마. 노력하지 마. 신경 쓰지 마."

상식적으로 우리가 애쓰지 않고, 노력하지 않고, 신경 쓰지 않고 어떻게 살아갈 수 있을까? 그러려면 인생에서 가장 중요한 것만 남기는 힘이 필요하다. 인생에서 가장 중요한 것만 남기려면 얼마나 많은 힘을 써야 할까? 관점의 전환이 필요하다. 우리가 일반적으로 힘내는 방법, 힘쓰는 방법만 말할 때 저자는 뒤집어 생각했다.

마크 맨슨은 1984년에 태어나 보스턴 대학을 졸업했다. 그는 처음부터 모범생은 아니었다. 학창 시절 마약 문제로 퇴학까지 당했던 문제아였다. 대학을 졸업한 후에도 직장을 구하지 못해 친구 집을 전전하던 백수였고, 뜻하는 바가 없어 되는 대로 인생을 살아갔지만 지금은 완전히 달라진 삶을 살고 있다. 그런 일이 어떻게 가능했을까?

저자는 『이방인』이라는 소설로 노벨 문학상을 수상한 프랑스 출신 알베르 까뮈의 말을 인용했다.

행복이 무엇인지 계속 묻는다면 결코 행복할 수 없다.
인생의 의미를 찾아 헤맨다면 결코 인생을 살아갈 수 없다.
한마디로 말하면 애쓰지만 더 긍정적인 경험을 하려는
욕망 자체가 부정적인 경우다.
역설적이게도 부정적인 경우를 받아들이는 것이
곧 긍정적인 경우다.

신경을 쓰지 않는다는 것은 어떻게 하면 효과적으로 자기 생각에 우선순위를 매길 것인가에 대한 질문이다. 따라서 신경 끄기에는 집중이 필요한데, 나는 그 집중의 방법이 호흡법이라고 생각한다.

저자는 신경 끄기의 기술이 필요한 이유를 삶에서 중요한 것과 덜 중요한 것을 구분 짓는 것이 인생에서 가장 중요한 일이기 때문이라고 말한다. 내가 무엇을 할지 모른다는 것은 다른 한편으로 무엇을 포기해야 할지 모른다는 것이다. 하지 말아야 할 것을 포기할 줄 모르는 것이다.

무언가를 얻기 위해서는 반드시 무언가를 포기해야 한다. 우리에게 가장 비극적인 것은 모든 것을 가져야 한다는 믿음이다. 저자는 이러한 믿음이 우리를 지옥의 무한궤도에 빠지게 한다고 역설한다.

따라서 신경 끄기의 기술이 필요하다. 이 기술은 삶의 방향을 재조정하고 중요한 것과 그렇지 않은 것을 구분해주는 단순한 방법이다. 우리에게는 실용적인 깨달음이 필요하다. 실용적인 깨달음이란 삶은 어느 정도 고통스럽다는 것을 순순히 인정하는 것이다.

우리는 삶을 고통스럽지 않게 살아가려고 노력하지만, 인생은 고통이다. 인생에 아무런 고통이 없다면 살아가는 재미가 없을지도 모른다. 신경 끄기의 기술을 통해 집중하는 삶을 누리길 바란다.

다양성을 존중하는
세상을 꿈꾸며

2017년 여러 매스컴에서 특집으로 다루었던 「마틴 루터 종교개혁 500주년」 기사를 읽으며 느낀 소견을 이야기하고자 한다.

마틴 루터의 종교개혁은 면죄부 판매 등으로 심화된 가톨릭교회의 부패와 폐단을 개혁하고, 성직자의 전유물이었던 성경을 라틴어에서 독일어로 번역하여 일반 대중에게 배포한 것 등을 골자로 한다. 이처럼 루터는 인간의 삶을 신 본위에서 인간 본위로 전환하는 데 큰 기여를 하였고, 그 공을 인정받아 2017년 종교개혁 500주년을 맞이하게 되었다.

전 세계적으로 루터의 종교개혁을 조망하기 위한 각종 행사가 줄을 잇고 있는 가운데, 가장 인상적이었던 점은 독일 관광청이 주관하는 8개 루터 루트 캠페인이었다. 루터가 반박문 95개 조를 게시한 비텐베르크를 포함하여 종교개혁의 발자취를 따라갈 수 있는 8개의 루트를 개발하여 독일 방문을 장려한다는 취지의 캠페인을 접하면서 나는 부러움을 금치 못했다.

오늘날에 이르기까지 우리나라도 역사 속 많은 발자취가 있었을 것이다. 하지만 우리는 이를 제대로 보존하지 못했다. 그 자체가 역사인 곳을 '개발'이라는 명목으로 파괴하고, 오로지 한 가지 생각만을 옳다고 판단하며 나머지 이견을 묵살시켜왔다.

조선 중기 국론이 동인과 서인으로 분열되고 사색당쟁이 극에 달했던 뼈아픈 사건이 있었다. 하지만 우리는 이런 사실만 기억할 것이 아니라, 그 당시 어떤 의견이 오갔는지 다양한 양상을 살펴볼 필요가 있다. 권력을 잡은 이들이 내세운 주장만이 진리로 규정될 것이 아니라, 반대쪽 의견도 자유로이 공유될 수 있도록 기록하고 보존해야 한다. 그리고 그런 논쟁의 다양한 양상을 우리 학생들에게 가르쳐야 한다.

요약하자면 지금 우리에게 가장 시급한 일은 기록과 보존, 그리고 제대로 된 역사교육이라고 생각한다. 독일이 루터의 족적을 그대로 보존하여 국민들에게 접하게 함으로써 역사적·교육적 가치를 극대화하듯, 우리도 한 가지 견해만이 옳다는 생각에서 벗어나 있는 그대로 다양한 의견을 받아들이고 존중함으로써 진정한 발전을 이룩할 수 있을 것이다.

화를 내는 것이
가장 큰 번뇌다

맹자는 "해야 할 일을 먼저 하는 것보다 하지 않아야 할 일을 먼저 생각해야 한다."라고 했다.

우리는 대개 앞뒤 생각하지 않고, 해야 할 일에만 치중하곤 한다. 그러나 해야 할 일을 생각하기에 앞서 그 일을 잘 해내기 위해 하지 말아야 할 일이 무엇인지 먼저 고민해보는 과정이 필요하다.

가령 '좋은 선생님 되기'라는 목표를 세웠다면, 상처 주는 말 하지 않기, 자존감 낮추지 않기 등 교사로서 해선 안 되는 일들을 생각하고, 이런 행위를 경계하는 것으로부터 목표를 향한 첫걸음을 내딛어야 한다.

하지 말아야 할 것을 하지 않기는 이 사회를 살아가는 데 있어서 꼭 필요한 자세이다. 거짓말하지 않기, 살생하지 않기 등을 마음에 새긴다면 불가피하게 저지르게 되는 흠결을 줄일 수 있고, 좋은 기회가 닿았을 때 잡을 수 있다.

덧붙여 인생에서 가장 하지 말아야 할 것 중의 하나를 이야기 하자면, 그것은 바로 화를 내는 것이다.

『선가귀감』에 있는 한 구절을 소개하겠다.

번뇌수무량煩惱雖無量 진만瞋慢 위심爲甚

열반운涅槃云 도할양무심塗割兩無心

진여냉운중瞋如冷雲中 벽력기화래霹靂起火來

해석해보면 다음과 같다.

"번뇌가 비록 한량없으나, 성내는 것이 가장 심하니 열반경에 이르기를 창과 칼로 찌르거나 향수와 약을 발라주더라도 두 가지에 다 무심無心하라 하시니, 성내는 것은 찬 구름 속에서 벼락 치고 번갯불이 번쩍이는 것과 같다."

욕심, 증오, 사랑, 기쁨, 슬픔, 욕, 질투 등은 모두 번뇌에 속

한다. 그러나 어떠한 형태의 번뇌가 일어난다 할지라도 마음만큼은 무심할 줄 알아야 한다. 즉, 나에게 상처를 주는 사람을 미워하지 말고, 그 상처를 소독해주고 약을 발라주는 사람에게도 감사한 마음을 갖지 않아야 한다. 이를 도할이양무심이라고 한다.

여러 가지 번뇌 중 가장 다스리기 어려운 것은 화를 참는 것이다. 최근에 우리나라에서 다양한 '묻지 마 범죄'가 일어나는 것도 화를 다스리지 못해서이다. 화는 찬 구름 속에서 벼락이 쳐 불이 나는 것과 같이 돌이킬 수 없는 결과를 초래하게 된다. 따라서 누군가가 나를 비난하고, 욕하고, 해로움을 준다 하더라도 참아내는 것을 배워야 한다.

만일 화가 나는 상황이 생겼을 경우, 이전에 내가 저질렀던 나의 잘못에 대한 결과라고 생각하고 참음으로써 용서를 받는다고 생각해야 한다. 불합리한 상황에 직면하더라도 성내지 않고 마음을 잘 다스릴 줄 아는 사람이 되도록 하자.

탐욕과 사랑의
차이

탐욕이라는 것은 자기 자신의 개인적인 이해관계와 얽혀 있다. 그래서 눈으로 보고, 귀로 듣고 또 감촉을 느끼는 데 자기 생각에 좋은 것은 좋다고 하게 된다.

이 모든 것들이 밖에서 오는 것처럼 느껴지지만, 밖에서 오는 것을 판단하는 것은 본인의 마음이다. 아름답다, 아름답지 않다, 행복하다, 불행하다, 선하다, 악하다…. 이러한 것들을 판단하는 기초는 외부적인 대상이 나의 감각기관에 들어와 내 마음에서 판단하는 것이다. 따라서 궁극적으로 판단하는 주체는 자기 마음이다.

꽃을 보며 아름답다고 하다가도 꽃이 떨어지면 아름답지 않다고 한다. 이렇게 나의 마음이 모든 상황이나 대상에서 갈등을 일으킨다. 갈등을 일으키는 것을 우리는 번뇌, 그리고 근심과 걱정이라고 부른다. 이러한 근심, 걱정의 궁극적인 본질은 바깥에서 오는 것이 아니라 내 마음에서 나오는 것이다. 바깥에서 오는 자극들을 나의 이해관계에 의해서 판단을 내릴 때, 우리는 그것을 탐욕이라고 부른다.

그러면 과연 사랑이란 무엇일까? 사랑이란 이해관계 없이 나와 똑같은 마음으로 느끼는 것이다. 즉, 내 마음으로 상대방을 나 자신과 똑같이 받아들이는 행위를 말한다.

예를 들어 사랑하는 사람과 차를 마시던 중, 상대방이 실수로 잔을 깨뜨렸을 때 순간적으로 화가 날 수 있다. 이때 순간적인 화를 참지 않고 상대에게 화를 내는 일이 다반사다. 이런 것을 사랑으로 볼 수는 없다.

진정한 사랑이란 서로의 잘못을 인정하고 혹시 다치지는 않았을까 걱정해주는 것이다. 지속성을 가지면서 변함없이, 모두 포용하는 것이 바로 사랑이다.

그런데 항상 마음의 안정을 갖는다는 것은 쉬운 일이 아니다. 내가 내 마음의 주인이고, 내 마음이 조용하다면 화를 참

아닐 수 있다. 그러나 그렇지 않은 상태에서 포용을 실천하는 것은 어렵다. 사랑은 이렇게 어려운 것이다. 하루하루 내가 얼마만큼의 포용 능력을 가지고 있는지 생각해보고 반성을 하다보면 조금씩 사랑을 발전시킬 수 있을 것이다.

탐욕이라는 것은 나에게 잘하고 못하고를 따지는 이해관계를 말한다. 그러나 이해관계를 초월해 모든 것을 포용할 수 있을 때 그것이 진정한 사랑이고, 자기 자신이 되는 것이다. 쉽고 간단하지는 않지만 부단한 노력으로 개선해나갈 수 있다.

충고하지 않는
지혜

이번 장에는 타인과의 관계를 유지하기 위한 생활의 지혜에 대해 이야기해보겠다. 타인에게 단순한 충고를 해서 그들의 행동 양식이나 양태를 변화시키기가 어렵다. 그러나 우리는 계속해서 내 주변 사람들을 나와 비슷한 사람으로 만들려고 하는 버릇이 있다.

누구나 실수를 한다. 우리 모두가 다 잘 산다고 할 수만은 없다. 그러나 타인을 가르쳐서 그것을 고치려고 하는 사람은 더 잘못이다. 일에서든 결혼 생활이든 함께 지내는 사람이 불편하다면 그것은 나에게도 잘못이 있다.

중국 송宋 나라 사필謝泌이라는 사람이 '의인물용 용인물의 疑人勿用 用人勿疑'라는 말을 남겼다. 의심스러워 믿지 못할 사람은 쓰지 말고, 일단 쓴 사람은 의심하지 말라는 이야기다.

여기서 용用, 사람을 쓴다는 것은 채용함을 의미하는데 이 말은 결혼에도 적용된다. 의심이 된다면 결혼하지 말고, 결혼을 했다면 의심을 하지 않아야 한다. 의인물용 용인물의의 자세로 나와 남을 믿어야 한다.

남을 고치려고 하는 것은 잘못 살아가는 대표적인 행동이다. 이 말을 들으면 '그런데 어떻게 남에게 충고도 하지 않고 살아갈 수 있느냐?'라는 의문이 들 수도 있다.

충고를 하지 않기 위한 기본적인 요건은 마음의 평화이다. 마음의 평화가 있어야 육체적 평화도 찾아오며, 육체적 평화가 있어야 사회적 평화도 오고, 나아가 세계 평화도 이루어질 수 있다.

다른 사람의 인격이 나와 다르다 하더라도 이를 인정할 줄 아는 가장 기본적인 덕목이 있어야 한다.

그는 나와 다르다, 이 생각이 생활 속에 스며들어 있어야 한다. 아주 작게는 가족 간의 관계에서도 서로가 다름을 인정해야 한다. 자녀의 단점을 고쳐주겠다며 충고한다고 해서

그 단점을 고칠 수 있지 않다. 오히려 또 다른 갈등만 불러오는 원인이 될 수도 있다. 스스로 자각시키는 게 타인을 변화시키는 가장 좋은 방법이다. 스스로 생각을 하게 해 자각할 수 있는 계기를 만들어주는 것이다.

마음의 평화를 유지하지 못하고 혼란해지는 가장 큰 원인이 바로 시비, 옳고 그름을 따지는 것이다. 어떠한 사실에 대해 옳고 그름을 따질 수는 있지만, 타인의 언어나 행동 방식 등을 보고 호불호好不好를 해서도 안 되고, 옳고 그름을 따져서도 안 된다. 선악을 가릴 필요도 없다.

타인의 행동이 악하다고 생각되면 나는 저런 행동을 하지 말아야겠다고 반성하면 그만이다. 그것을 지적할 필요는 없다.

명절마다 많은 사람들이 주변인들을 만나는 것을 꺼리는 것도 위와 같은 맥락이다. 성적, 취업, 결혼 등에 관한 충고로 타인을 바꿀 수 없을뿐더러 괜히 타인의 감정만 상하게 할 수 있다.

이러한 판단을 하지 않는 가장 좋은 방법을 소개하겠다. 착하고 악하다, 옳고 그르다와 같은 판단이 들 때 이러한 판단의 근거를 생각해보는 것이다. 생각을 따라가 근거와 원천을 찾아 자기 자신을 반성해본다. 내가 어떤 편견을 갖고 있는지, 누군가가 나와 같기를 바라는 것은 아닌지 스스로를 반성하고, 타인에게 충고를 하지 말라. 작은 생활의 지혜를 통해서 원만한 관계를 유지하는 여러분이 되시기를 바란다.

수성과 개혁의
갈림길에서

이 장에서는 500년 전 율곡 선생의 창업
創業, 수성守城, 경장更張에 대해 이야기해보겠다. 『만언봉사』
중의 한 구절이다.

시대에 따라 힘써야 될 일이란 단순히 하나가 아니어서 각기
적의適宜한 바가 있는 것이다. 그 대요를 개괄한다면 창업과
수성, 그리고 경장 세 가지가 있을 뿐이다.
수성할 때를 당하여 경화更化를 힘쓴다면 이것은 병이 없는
데, 약을 먹어 도리어 병을 생기게 하는 셈이거니와 경장할

때를 당하여 구법의 준수를 일삼는다면 이것은 마치 어린애가 병을 앓으면서 약 먹기를 싫어하여 누워서 죽기를 기다리는 셈이다.

『만언봉사』는 율곡 선생이 선조에게 정치, 사회, 문화 전반적인 것에 대해서 건의를 한 책의 내용 중 하나이다.

창업은 태조 이성계가 나라를 새로 건국한 것과 같은 것을 의미하며, 수성은 창업한 나라를 잘 지켜나가는 것이다. 마지막으로 경장은 혁신, 즉 바꾼다는 의미이다.

수성이 필요한데 경장을 한다면 병이 없는데 약을 먹게 하여 도리어 병을 생기게 한다. 반면 혁신해야 할 때 혁신하지 않는다면 어린아이가 병을 앓으면서도 약 먹기를 싫어하여 죽기를 기다리고 있는 모습과도 같다. 말하자면 변화할 때가 되었는데도 변화하지 않고, 변화하지 않아도 되는데 변화하려 한다면 병이 없는데 병을 키운다는 것이다.

다른 한 구절을 더 살펴보자.

여기에는 시의時宜의 통찰이 먼저이다.
이른바 시의라 함은 때를 따라 변통하여

법을 만들어 백성을 구하는 것을 말한다.

정자程子가 역易을 논론論하여 말하기를

때를 알고 형세를 아는 것이 역을 배우는 큰 방법이다.

수시로 변역함이 상도常道이다.

창업, 수성, 경장을 위해서는 때와 옳음을 통찰하는 것이 먼저이다. 따라서 때를 알고 세勢를 아는 것이 역易을 배우는 것과 마찬가지로 수성과 경장을 하는 것도 때와 세를 알아야 한다.

더불어 시의時宜는 권權과 의義라고 한다. 권이라는 것은 이해관계가 중도中道에서 변화해야 한다. 이해관계가 치우치면 안 된다. 개혁하는 사람들만 이익을 취하고, 개혁하지 않는 사람들은 이익을 얻지 못하면 안 된다는 의미이다. 이 두 가지가 모두 중용中庸에 도달해 상호 이익이 되어야 한다.

이해관계가 중도에 도달할 때 권權, 즉 힘이 생긴다. 중도에 도달하지 않았는데도 힘을 활용하는 것은 월권越權이다.

그럼 의義라는 것은 무엇인가. 시비, 옳고 그른 것을 정의롭게 하는 것이다. 의 역시 중용을 지켜야 한다. 중中을 얻고 권權을 얻는 것이 바로 시의時宜이다. 중용이라는 것은 편파적이거나 사심을 가지면 안 된다. 중도를 바탕으로 의를 얻는 것이 시의다.

창업에도 수성과 경장이 있다. 지켜야 할 때가 있고, 변화해야 할 때가 있다는 의미이다. 물론 수성하는 중에도 새로 변화시킬 것이 있다. 경장을 할 때에도 창업創業 때의 원칙이 있을 것이고, 전통적인 수성도 있을 것이다.

따라서 모든 것이 잘 조절이 되어야 한다. 태평성대太平聖代라 하더라도, 앞으로 나아갈 세상에 대해서 준비를 해야 한다. 독자 여러분도 현재 창업된 인생을 수성할 것인지, 경장할 때인지 시의를 가려 생각해보시기 바란다.

작은 도전의
힘

중국 오대십국五代十國 시대의 승려 영명
연수永明延壽(904~975)의 시를 소개하겠다.

문이불신 상결불종지인聞而不信 尚結佛種之因

학이불성 유개인천지복學而不成 猶蓋人天之福

듣고 믿지 않더라도 부처가 될 종자가 심어진 것이오.

배워서 이루지 못하더라도 오히려 인간이나

천상의 복을 덮는다.

우연히 들은 한마디 말로 인생이 바뀔 수 있다. 일본의 한 교수 이야기이다. 그 교수는 전쟁으로 건물이 붕괴되어 지하실에 갇혀버렸다. 그런데 중학교 시절, '앞으로 나갈 수 없으면 뒤로 나가라.'라는 말이 문득 생각났다. 안간힘을 써도 앞문은 열리지 않았지만, 폭격에 의해 뚫린 뒷문으로 교수는 무사히 빠져나올 수 있었다. 우연히 들은 말이 종자種子가 되어서 인생을 바꿀 수 있는 지혜가 된 것이다.

제임스 라이언의 『하버드 마지막 강의』라는 책에 이런 내용이 있다.

"용기 있는 실패자가 겁쟁이 구경꾼보다 낫다."

저자는 살면서 '적어도 00할 수 있지 않을까?'라는 질문을 던지라고 말한다. 한 발 앞으로 나아가게 하는 이 질문으로, 새로운 것을 시도할 때 겪는 두려움을 극복할 수 있다고 그는 말한다.

지식도 마찬가지다. 도전하고 실천하지 않는 지식은 죽은 지식이다. 덴마크의 실존주의 철학자 키에르케고르가 겪은 일화도 그것을 말해준다.

인생의 매우 힘든 시련을 겪은 키에르케고르는 깊은 의혹과 고통을 헤맨 끝에 명성이 자자한 목사를 찾아가 가르침을 청했다. 그가 누구인지 모르는 목사는 그의 하소연을 다 듣고 책 한 권을 권했다. 그리고 이렇게 말했다. "그 책을 읽고도 구원을 얻을 수 없다면, 당신은 구원될 길이 없는가봅니다."

그런데 목사가 권한 책은 키에르케고르가 저술한 책이었다.

구원받을 수 있는 방법을 저술한 키에르케고르조차 구원받는 법을 청하기 위해 목사를 찾았다. 이것은 지식의 실천이 얼마나 어려운지를 보여주는 하나의 일화다.

어디서 읽었거나, 배웠거나 들었던 사실을 우리는 '안다'고 말한다. 하지만 지식만 가지고 있다고 해서 안다고 말할 수 없다. 이를 행동으로 실천해야 진정한 지식이라고 할 수 있다.

우리는 도전을 성공, 아니면 실패라고 생각한다. 하지만 반대로 생각해보면 실패는 도전을 했기에 주어지는 것이다. 실패 또한 하나의 성과이며 성공이다. 모든 일에 있어 도전을 하는 것 자체에 가치를 둬야 한다. 작은 것이라도 시도하는 순간 우리의 인생은 성장한다.

어려웠던 시절을 잊으면
고독해진다

조강지처糟糠之妻라는 말이 있다.

조강에서 조糟는 모주를 짜고 남은 지게미를, 강糠은 쌀을 씻으면 나오는 겨를 뜻한다. 따라서 조강지처는 지게미와 겨를 먹고 살 정도로 가난했던 시절을 함께한 아내로 풀이할 수 있다.

조강지처에 대한 어원은 『후한서後漢書』의 '송홍전宋弘傳'에서 찾아볼 수 있다. 후한의 세조世祖가 된 광무제光武帝 밑으로 많은 인재가 모였다. 그중 대사공大司空이 된 송홍宋弘이라는 사람이 있었다. 광무제의 누이였던 호양공주湖陽公主가 송홍을 마음에 들어 하자 광무제는 병풍 뒤에 누이를 숨기고 송홍을 초대했다. 그런 다음 광무제는 짐짓 송홍의 마음을 떠보았다.

"부유하게 되면 친교를 바꾸고, 귀해지면 처를 바꾼다고 하는데 그대는 어떻게 생각하는가?"

그러자 송홍은 자신의 소신을 밝혔다.

"빈천貧賤할 때 친교를 잊는 것은 어렵고, 조강을 나누어 먹으며 고난을 함께한 아내는 집에서 내쫓지 않는 것이라고 생각합니다."

이것이 바로 '조강지처 불하당糟糠之妻 不下堂'이란 말이 나온 유래였고, 병풍 뒤에서 이 말을 들은 호양공주는 송홍에 대한 마음을 자연스럽게 접었다고 한다.

조금만 성공하고 살림이 나아지면 그 시절을 함께한 사람을 쉽게 잊고 내치는 일이 너무나 많다. 하지만 분명한 것은 오만해져서 진정한 교우를 버리고 자기의 이익만 챙기는 사람들은 결국 고독해지고, 불행을 맞이하게 된다는 사실이다.

독자 여러분들에게도 어려울 때 힘이 되어준 사람들이 있을 것이다. 그런 이들에 대한 고마운 마음을 늘 잊지 않고 서로에게 힘을 주는 인생의 동반자가 되기를 바란다.

지금 이 순간에
충실하라

내일을 위하여 오늘을 열심히 살라고 우리는 말한다. 하지만 이 말은 맞지 않다. 내일이 올지 안 올지 모르기 때문이다. 내일을 위해서가 아니라 오늘을 위해서 열심히 사는 것이 맞다.

그런데 또 생각해보면 오늘도 아니다. 오늘은 순간의 시간들의 총체에 지나지 않는다. 그러니 순간을 위해 모든 것을 바쳐야 한다.

그렇다면 열심히 바친다는 것은 무엇을 말할까? 밭 가는 일, 구두 짓는 일, 스마트폰 부품을 맞추는 일 등 모든 행동을 말한다. 즉, 열심히 바쳐야 한다는 것은 내가 하고 있는 일에 집중함을 말한다. 그러면서 '집중하는 이 주인공이 누구인가?' 하고 묻는다면 그것이 곧 마음챙김이요, 자각自覺이다. 그리고 이것을 잊지 않는 것이 명상이다.

흔히 명상이라고 하면 나와는 거리가 먼 것, 따로 시간과 공간을 내어서 해야 한다고 생각한다. 하지만 지금 이 순간과 행동을 인식하고 있다면, 그것이 바로 명상이고 자각이다.

지금 하고 있는 일에 싫증과 지루함이 생긴다면, 행하고 있는 내 자신을 의식하지 않아서이다. 하지만 그 일에 완전히 몰입한다면, 일과 내가 하나가 되어 싫증 날 틈이 생기지 않는다. 지금 이 순간의 주인공이 누구인가 끊임없이 생각한다면, 궁극적으로 그 일에 대한 주체 의식과 효율성을 높일 수 있다.

어떤 일을 할 때 '이 일을 왜 하고 있는가?'라고 생각한다면, 나와 이 일에 갈등이 생긴다. 하지만 '이 일을 하고 있는 나는 누구인가?'라고 생각해보길 바란다. 내가 일의 주체임을 알게 되며 좀 더 적극적으로 임할 수 있게 된다.

매 순간 집중하는 것은 우리 삶에 효율성을 높여서 성공적인 인생을 만들고, 또한 정신적으로도 높은 경지에 올라서 품격 있는 삶을 살 수 있게 할 것이다. 『장자』에 실려 있는 공자의 다음 일화를 통해서 그것을 다시 한번 되새겨보기 바란다.

초나라를 방문하러 가던 중, 공자는 잠시 나무 밑에서 휴식을 취했다. 그런데 때는 한여름인지라 매미가 시끄럽게 울고 있었다. 그때 등이 굽은 노인이 대나무 막대기로 매미를 잡고 있었다. 노인이 대나무를 한 번 휘두를 때마다 매미가 한 마리씩 떨어졌다. 노인의 뛰어난 기술에 공자와 그의 제자들은 눈을 떼지 못하고 그 모습을 바라보았다.

공자가 노인에게 물었다. "당신이 매미를 잡는 것은 기술입니까? 도술입니까?"

노인이 대답했다.

"나에게는 도술이 있습니다. 매미는 매우 섬세한 곤충이라 약간의 바람만 불어도 날아가버립니다. 그래서 나는 오랫동안 연습했습니다. 장대 끝에 구슬 두 개를 올려놓고 떨어지지 않는다면, 매미를 어느 정도 잡을 수 있습니다. 만일 구슬 세 개를 올려놓고도 떨어지지 않는다면, 매미를 놓칠 확률은 열 마리 중에 한 마리밖에 안 됩니다. 그런데 만일 구슬 다섯 개를 올려놓고도 떨어지지 않는다면, 매미를 한 마리도 놓치

지 않고, 언제든지 마음먹은 대로 잡을 수가 있습니다. 가장 중요한 것은 집중하는 것입니다. 나는 매미를 잡을 때 장대와 내 몸을 일체화시켜서 죽은 나무토막처럼 꿈쩍하지 않습니다. 그리고 천지가 아무리 넓고 만물이 많아도 천하에 매미 하나밖에 보이지 않을 정도로 집중합니다. 그러니 매미를 잡는 일에 한 치의 실수도 없는 것입니다."

공자는 제자들에게 말했다.

"잘 들어라. 모든 잡념에서 벗어나 한곳에 마음을 집중한다면, 저 노인이 도달한 신神의 경지에 이를 수 있을 것이다."

성공과 실패라는 결과에 연연하기보다는, 지금 이 순간이라는 과정에 충실하길 바란다. 이 순간이 모여서 분이 되고, 한 시, 하루하루, 일 년이 되어 어느새 목표에 도달할 수 있을 것이다. 그리고 무엇보다 매 순간의 과정에 충실함이 삶 자체를 아름답게 만든다.

과거의 한계에서 벗어나면
새로운 길이 열린다

'이 또한 곧 지나가리라'라는 말을 들어보신 적이 있을 것이다. 이 말의 유래를 소개하고자 한다.

다윗 왕이 세공인에게 반지를 만들어달라고 하면서 이런 주문을 했다. "그 반지에는 내가 전쟁에서 큰 승리를 해서 기쁨을 억제치 못할 때 그 기쁨을 조절할 수 있고, 또한 내가 큰 절망에 빠졌을 때 용기를 함께 얻을 수 있는 글귀를 새겨야 한다."

세공인은 다윗 왕이 주문한 글귀를 넣기 위해 지혜가 특출 나기로 유명한 솔로몬 왕자에게 찾아가 도움을 요청했다.

"왕자님, 왕의 큰 기쁨을 절제하게 하는 동시에 크게 절망했을 때 용기를 줄 수 있는 말이 어떤 것이 있을까요?" 세공인이 묻자, 솔로몬 왕자는 "이 또한 곧 지나가리라."라고 답했다.

살아가면서 우리는 많은 기쁨과 고통을 만난다. 하지만 이 기쁨과 고통에 빠져버리면 안 된다. 아무리 큰 고통도, 기쁨도 지나간다. 이것이 지나가면 새로운 감정, 새로운 마음의 길을 만날 수 있다.

감정과 마찬가지로 직업도 그렇다. 새로운 길은 하늘에서 뚝 떨어지는 것이 아니라 내가 만들어나가는 것이다. 자신과 연결되어 있는 인간관계에서, 누군가 나에 대해서 물어보면 그 사람 참 괜찮은 사람이다라는 인상을 줄 수 있도록 노력해야 한다.

그런데 이러한 인상은 준비된 사람에게 주어진다. 누군가의 이러한 평가는 나에게 새로운 길을 열어줄 수 있다. 평소 과거의 한 가지 자질, 한 가지 업에만 국한되는 것이 아니라, 가능한 많은 부분에 대해 준비하고 살아야 한다. 그렇게 준비된 자에게만 새로운 길을 걸어갈 수 있는 기회가 주어진다.

100세 시대인 요즘 75세까지 일을 할 수 있다고 가정한다. 그렇다면 한 가지 직업으로만 살 수 있을까? 이는 무척 어려운 일이다. 만약 30년간 한 가지 일을 지속했더라도, 남은 15년 동안 하게 될 제2의 직업을 가져야 한다. 제2의 직업이라는 새로운 길을 열기 위해서는 사전에 충실히 준비해야 한다. 어떠한 기회가 와도 잡을 수 있도록 준비하는 독자 여러분이 되시기를 바란다.

2부

일상을 누리며 사는 행복의 길

내일에 속지 말라

우리는 늘 근심 걱정에 사로잡혀 살아간다. 그 때문에 소중한 매일매일에 충실하지 못하며 불안한 날들을 살아간다. 우리가 어떻게 할 수 없는 일들에 대해서 걱정을 사서 하지 말고, 그저 지금에 충실하다보면 여유 있고, 평안한 하루하루가 이어져 행복한 일생이 될 수 있을 것이다.

기우杞憂라는 말이 있다. 기우라는 말의 기원은 이렇다. 기나라에 종일 걱정만 하고 살아가는 사람이 있었다. 갑자기 하늘이 무너지고, 땅이 꺼져버릴까봐 그 사람은 매일 걱정했다.

그 이야기를 들은 이웃 마을 사람이 그를 깨우쳐주기 위해 찾아왔다.

"세상에 기가 없는 곳이 없네. 자네가 몸을 움직이고 호흡하는 모든 곳에 기가 있네. 그러니 하늘이 무너질 것을 걱정할 필요가 없다네."

하지만 기나라 사람이 여전히 의심하여 말했다.

"하늘은 기가 모여서 이루어진 것이라지만, 해와 달과 별들은 떨어지지 않겠는가?"

"해와 달과 별들도 역시 기가 쌓여서 빛을 내는 것이니 설사 떨어진다고 하더라도 기운에 불과할세. 그러니 자네에게 상처를 입힐 수 없을 것이네."

"그렇다면 땅이 꺼지는 것은 어떻게 하는가?"

"땅은 흙이 쌓여서 된 것이네. 어디에나 빈 곳이 없이 흙이 꽉 차 있네. 자네가 서성거리고, 밟고, 뛰고, 종일 걸어 다녀도 아무런 문제가 없는데 어떻게 꺼지겠는가?"

그제야 기나라 사람은 마음을 놓고 크게 기뻐하였고, 그를 일깨워준 사람도 역시 기뻐하였다.

열자列子는 그 이야기를 전해 듣고 웃으면서 이렇게 말했다.

"하늘과 땅이 무너지고 꺼질까 걱정한 사람도 지나치지만, 무너지지 않는다고 말한 사람도 역시 틀렸다. 우리는 그것을 알 수 없다. 태어나서 살아갈 때 죽음에 대해서 알지 못하고, 죽을 때에는 다시 태어나는 것을 알지 못한다. 세상에 올 때에는 갈 것을 모르고, 세상을 떠날 때에는 올 것을 알지 못한다. 무너지고 안 무너지는 것에 마음을 둘 필요 없이 살아가는 것이다. 어떤 부분에 대해서 모르는 것을 모른다고 인정하고, 불필요한 것에 마음을 두지 말아야 한다. 오직 주어진 현실과 오늘에 집중하며 살아가야 한다. 그것이 인생이다."

여기에 덧붙여 중국 명나라 대의 문가文嘉(1501~1583)가 쓴 시를 소개하려고 한다.

명일부명일 명일하기다明日復明日 明日何其多

아생대명일 만사성차타我生待明日 萬事成蹉跎

세인개피명일루 춘거추래노장지世人皆被明日累 春去秋來老將至

조간수거류 모간일서추朝看水去流 暮看日西墜

백년명일능기하 청군청아명일가百年明日能幾何 請君聽我明日歌

내일, 내일이 오니 또 내일이 있네.

내일은 왜 이리도 많은가.

일생 동안 내일을 기다리며 살았노라.

일마다 넘어지고 헛디디었을 뿐

세상 사람 모두 다 내일에 속아 살고 있느니

봄이 가고 가을이 오고 그러면 늙어가더라.

아침에 본 물은 이미 흘러가버렸고

저녁때 본 해는 서산에 떨어졌다.

백 년 동안 내일, 내일 했지만 내일에 무엇을 이뤘는가.

그대에게 이르노니 나의 내일 노래 새겨들을지어다.

내일을 집요하게 쫓아다니다보면 늙고 병들어 무덤에 들어가는 일밖에 더 있겠는가? 백 개의 내일보다 오늘이라는 하루가 더 소중하다. 삶의 지혜들을 가지고 하루하루 보다 행복하게 살아가는 여러분이 되시기를 바란다.

행복의
두 가지 요건

　　사람들에게 행복을 주는 요건은 크게 두 가지가 있다. 첫째는 긍정적인 마음이다. 주어진 사건을 긍정적으로 바라보는 자세가 행복의 출발점이 된다. 물론 여기에 대한 반론도 있을 것이다. 사회를 적당히 부정적인 관점으로 바라보는 것이 오히려 개인이나 사회를 발전시키는 동인이 될 수 있다고 주장할 수도 있다.

　　우리가 익히 알고 있는 철학자 쇼펜하우어, 니체, 마르크스까지 사회 현상을 부정적인 관점으로 바라본 것이 사회의 변화를 이끌어온 면도 있기 때문이다.

물론 이들이 사회의 어두운 면을 바라보는 통찰이 우리 사회의 사상적 발전을 이뤄온 것은 사실이지만, 그들 개인의 행복이라는 차원에서 바라보자면 그들 자신은 행복하지 못하였다고도 볼 수 있다.

개인적인 관점에서 출발할 때 행복의 척도는 먼저 긍정적인 사고를 갖추는 것에 있다. 심리학에서도 긍정심리학이라는 분과 학문이 생겼고, 세계적으로도 많은 연구가 이루어지고 있다는 점에서도 알 수 있듯이, 긍정적인 사고는 우리의 마음을 건강하게 가꾸고 많은 행복을 느낄 수 있게 해준다.

둘째로는 목표한 바를 완수하는 것이다. 무엇을 결심하고 완성하는 것에서 우리는 행복감을 가질 수 있다. 목표가 지나치게 거창할 필요도 없다. 매일 운동을 1시간씩 하든, 업무에서 성과를 조금 더 내는 것이든 간에 작은 목표를 세워 하나씩 이뤄나가면, 생의 여러 순간에서 행복을 느낄 수 있다.

작은 계획이라도 하나씩 실천해나가는 것이 성공의 경험이 되어 우리가 원하는 큰 이상을 이룰 수 있는 단단한 초석이 되어줄 것이다. 행복은 먼 곳에 있는 것이 아니다. 긍정적인 마음과 작은 실천을 병행한다면, 우리 삶이 행복으로 채색될 것이다.

영원한 행복을
위하여

한국불교계에서 선승禪僧이라 불리는 성철性徹 스님과, 스님의 딸 불필不必 스님의 일화 한 편을 소개하려고 한다. 출가하기 전, 불필 스님이 경남 진주사범학교를 다니던 당시였다. '다녀가라.'는 아버지 성철 스님의 전갈을 받고 통영의 안정사 위 천제굴을 찾아갔다.

불필 스님이 태어나기도 전에 성철 스님께서 출가를 하셨기 때문에, 천제굴에서의 만남은 태어나서 두 번째로 아버지를 뵙는 일이기도 했다.

마주 앉아 이야기를 나누다 성철 스님은 불필 스님에게 다음과 같은 질문을 하였다.

"너는 무엇을 위해 사노?"

이 물음에 불필 스님은 "행복을 위해 삽니다." 답하였다. 그러자 성철 스님은 다시 한번 되물었다.

"행복에는 영원한 행복과 일시적인 행복이 있는기라. 너는 둘 중에 어떤 행복을 원하느냐?"

그때서야 영원한 행복과 일시적인 행복이 있다는 것을 깨달은 불필 스님은 영원한 행복의 길로 가기 위해 출가를 결심하였고, 사범학교를 졸업하자마자 성철 스님의 제자로 들어갔다.

그리고 한평생을 수련과 불법 공부에 정진했다. 그렇다면 성철 스님이 말씀하셨던 '영원한 행복'은 과연 무엇이었을까? 영원한 행복이란 인격의 수양을 통해 느낄 수 있는 행복이다. 오욕을 탐하며 느끼는 행복이 일시적인 것이라면, 영원한 행복은 마음속에 화두를 품고 그것을 깨치기 위해 일심一心에 집중하여 진정한 대자유인이 되는 것으로써 느낄 수 있다.

무엇이든 집중하면 지혜가 나오기 마련이다. 사사롭고 일시적인 행복을 추구하는 것에서 벗어나 생사를 뛰어넘은 대자유인의 지혜를 얻는다면, 그 어떤 것과도 비견될 수 없는

크고 영원한 행복을 누릴 수 있다. 독자 여러분들도 이루고
자 하는 바가 물질의 추구가 아닌 인격의 도야라면, 일심에
집중하는 방법을 통해 누구나 영원한 행복의 길로 나아갈
수 있다.

행복은 성취가 아니라
일상에 있는 것

많은 사람들이 목표를 세우고, 그 목표에 도달하는 것이 곧 행복이라고 생각한다. 행복의 척도를 특정한 목적의 성취에 둔다는 것이다. 그러나 막상 목표에 도달하면 우리가 기대했던 만큼의 행복을 느끼지 못하거나, 그 감정을 느끼는 기간이 무척 짧은 경우가 대부분이다.

말하자면, 행복이라고 하는 것은 소유할 수 있는 완성된 제품 같은 것이 아니다. 행복은 목표에 도달하는 것이 아닌 순간순간 자기 자신의 마음을 챙기고 자각自覺하는 데에 있다. 즉 행복이란 어떤 순간에 도달해야 하고, 장기간의 과정을 통해 만들어지는 것이 아니라 바로 지금 이 순간에 있는 것이다.

매일 같은 일을 하면서 행복을 느끼지 못하는 이유도 순간순간 자각하지 않기 때문이다. 그러나 지루하고 반복적으로 보이는 일상일지라도, 내가 이 일을 하고 있다고 자각하면 그 내부적 흐름이 다르다는 것을 알게 되어 매일매일 새롭고 행복한 기분을 느끼게 된다.

따라서 일상 속에서 행복을 느낄 수 있는 가장 좋은 방법은 습관화된 행위를 인지해서 낯선 시각으로 보려고 노력하는 것이다. 그것이 자각이고, 이런 일상의 자각을 통해서 행복을 누릴 수 있다. 버스를 타든, 거리를 걷든, 우리가 지금 어떤 행위를 하고 있다는 것을 인지하지 못하면 스스로를 잃게 되고 행복과 점점 멀어지게 된다.

프랑스 철학자 데카르트Descartes도 "나는 생각한다, 고로 나는 존재한다."라고 하였다. 이 말을 역으로 생각하면 자각을 하지 않았을 때는 맹목적인 상태에 놓이고, 자기 자신을 잃게 됨을 의미하는 말이기도 하다. 그러므로 나를 자각하는 것은 곧 나를 챙기는 행위이며, 나를 챙겨야 행복할 수 있다.

정리하면, 우리가 도달해야 할 저 먼 목표를 이루는 것, 객관적으로 인정받는 성취만이 행복은 아니라는 것이다. 행복은 바로 이 순간, 나를 자각하는 데에 있다. 행복은 누가 가져다주지 않는다. 스스로 진정한 행복을 찾아야 하고, 찾을 수 있다. 독자 여러분들 모두 먼 미래가 아닌, 지금 이 순간에 행복한 자신을 자각하기 바란다.

친절이라는 미덕이
가꾸는 인생

몇 년 전 한국에 사는 한 콜롬비아인의 SNS에 한국에선 타인의 삶에 개입하거나 도와주지 말라는 글이 올라왔다. 교통사고가 날 뻔한 어린아이를 안아서 구해주었는데, 아이의 부모가 왜 아이를 안고 있냐며 도리어 고함을 지르고 밀쳤다고 한다. 결국 경찰서까지 갔는데도 인종차별적인 발언이 이어졌고, 이런 모습을 지켜보고도 소극적으로 대응하는 경찰에게 화가 나 해당 사건을 본인의 SNS에 올렸다고 한다.

대부분의 한국인들이 외국인들에게 친절하다. 하지만 유

색인종에 대해서는 적잖은 인종차별이 이루어지고 있다. 또 지나가다가 부딪히기만 해도 죽을 듯이 덤비고 성을 내는 사람, 보복 운전으로 위협을 주는 사람들이 뉴스의 단골 소재가 되는 걸 보면 아직까지 우리나라에는 친절이라는 덕목이 많이 부족한 듯 보인다.

영국의 소설가 헨리 제임스Henry James는 "살아가면서 가장 중요한 것은 첫째도 친절, 둘째도 친절, 셋째도 친절이다."라는 명언을 남겼다. 함께 살아가는 세상에서 친절은 그 어떤 덕목보다 중요하다.

친절의 미덕을 잘 보여주는 일화 하나를 소개해보겠다. 남에게 도움 한 번 못 받고 짓밟히기만 했던 소년이 있었다. 여느 아이들과 다름없이 그 소년도 미국 농구계의 전설로 불리는 마이클 조던Michael Jordan을 선망하였다. 이 사연을 접하게 된 한 칼럼니스트는 소년에게 조던이 출전하는 경기 입장권을 선물하고 그를 만날 수 있게 해주었다.

소년은 조던을 보자마자 감격스러움에 주저앉았다. 그런 소년에게 조던은 "너는 참 훌륭한 아이다.", "네가 나를 응원해달라."고 말하며 응원석으로 안내해주었다. 조던에게는 작은 친절에 불과했지만, 무시만 당하고 살아온 소년에게는 인생을 바꾸는 계기가 되었다.

친절의 힘은 강하다. 그러므로 우리는 모두 친절해져야 한다. 바보스럽다는 말을 듣더라도 친절을 베풀어야 한다.

독자 여러분들도 친절을 습관화하여 따뜻한 세상을 만드는 데 일조할 수 있기를 소망해본다.

행복은 지금
이 순간에 있는 것

합천 해인사 장경각藏經閣의 주련柱聯(기둥이나 벽에 장식으로 써놓은 글)에는 다음과 같은 말이 새겨져 있다.

"원각도량하처圓覺道揚何處요, 현금생사즉시現今生死卽是니라."

원각圓覺은 깨달음을 '둥글다'라고 형상화하여 표현한 것으로 두루 깨달았다는 것을 뜻한다. 그리고 도량道揚은 '있는 곳'이란 뜻을 지니고 있다. 따라서 원각도량하처는 원만하게 깨달은 부처님이 계신 곳, 즉 '행복은 어디에 있는가?'라는 물음과도 같다.

이 물음에 대해 다음과 같은 답이 이어진다.

"현금생사즉시니라."

여기서 생사는 생각이 일어나고 멸하는 것을 뜻한다. 우리가 살아 있다라고 말할 수 있는 근거는 사고의 생멸生滅이 반복되는 것에 있다. 그러므로 행복이 어디 있냐는 질문에 대한 이 답은 지금 당신이 살아가고 있는 바로 이 순간이라고 해석할 수 있겠다.

해인사 장경각의 주련은 생사를 떠나 열반涅槃이 없다는 부처님의 가르침을 잘 드러내고 있다. 늘 자각自覺하면서 고요한 것을 볼 수 있을 때, 그리고 그것이 매 순간 계속될 때 우리는 진정한 행복의 세계에 입문할 수 있다.

'생사를 떠나 열반이 없다.'라는 말씀에는 우리의 삶이 자주적이고 주체적이어야 한다는 가르침도 내재되어 있다. 우리의 삶은 누군가 대신 살아줄 수도, 바꿔줄 수도 없다. 오직 나만이 내 삶을 가꿔나갈 수 있다.

이와 같은 가르침은 종교의 신성한 힘을 빌려 본인이 원하는 것을 쟁취하고자 하는 이들과 이를 조장하는 일부 종교계에 따끔한 메시지를 던진다. 거경居敬(경건함에 머무름)으로 마음을 가다듬고, 깨끗하고 고요한 상태에서 자기 자신을 탐색하는 것이 행복의 정도定道이기 때문에, 종교의 형식적 절차에 얽매어 본질을 보지 못하는 수행은 그 어떤 도움도 되지 않는다.

이와 관련한 성철 스님의 일화를 하나 들어보겠다. 6·25 전쟁이 끝나고 참전했던 젊은이들이 하나둘씩 마을로 돌아왔다. 그런데 한 여인의 아들만이 전쟁터에서 돌아오지 못했다. 여인은 애타는 마음으로 성철 스님이 계신 절에 찾아갔다. 그리고 땅을 팔고 모든 재산을 다 공물로 바칠 테니 아들이 살아 돌아올 수 있게 불공을 드려달라고 애원하였다.

그러자 성철 스님은 "죽은 사람을 살아 돌아오게 할 순 없다. 다만 진정 아들이 살아 돌아오길 바란다면 전 재산을 모두 가난한 사람들에게 나눠주고, 매일 이곳에 와서 삼천 배를 올리도록 하라." 말씀하였다. 여인은 성철 스님이 시키는 대로 한 달 동안 빠지지 않고 삼천 배를 드렸다. 한 달 후 집에 돌아간 여인은 아들이 살아 돌아오는 꿈을 꾸었는데, 깨보니 진짜 아들이 살아서 돌아왔다고 한다.

물론 이런 기적 같은 일들이 매번 일어나진 않는다. 그러나 본인이 스스로 간절하게 바라고 노력해야만 이런 기적도 바랄 수 있다. 지금 이 순간, 나를 자각하고 탐색할 수 있을 때 진정한 행복이 찾아온다. 그리고 그 행복은 본인 말고는 그 누구도 가져다줄 수 없다. 어떤 일이 일어나더라도 자기 자신 으로부터 답을 찾아가며 매 순간을 행복하게 살아가도록 노력하자.

행복한 삶을 위한
네 가지 방법

어떤 젊은이가 소위 현인賢人이라는 사람을 찾아갔다.

현인: 무엇을 위해서 나를 찾아왔느냐?

젊은이: 제가 어떻게 살 것인지 알기 위해서 왔습니다.

현인: 너는 지금 어떻게 살아가고 싶으냐?

젊은이: 제 자신도 행복하고 다른 사람도 행복하도록 살아가는 것이 제가 원하는 삶입니다.

현인: 그렇게 살아가는 방법이 있겠느냐?

젊은이: 저는 그 방법이 있다고 생각합니다. 그러니 현인인 당신께서 제게 가르쳐주십시오.

현인은 젊은이에게 네 가지의 방법을 말했다.

첫째, 나 자신을 남처럼 생각하고 살아라.
둘째, 남을 나처럼 생각하라.
셋째, 남을 남처럼 생각하라.
넷째, 자신을 자신처럼 생각하라.

이 네 가지 방법을 들은 젊은이는 다시 현인에게 물었다.

젊은이: 이 모든 것이 서로 상충되는 내용 아닙니까?
현인: 이 네 가지가 쉬운 듯해도 행동으로 옮기는 것은 어렵다. 우리는 이것을 실천하기 위해서 평생 일하는 시간을 쓰면 된다. 이것들은 상충되는 것이 아니고 네가 여러 경험들을 통해서 확인할 수 있을 것이다.

현인이 말한 바의 의미를 해석해보자면 이렇다. 우선 첫 번

째, 나를 남처럼 생각하게 되면 나에게 닥친 나쁜 일과 고통 등이 나뿐만 아니라 다른 사람에게도 똑같이 고통과 슬픔, 괴로움으로 다가온다는 사실을 깨달을 수 있다.

우리는 대부분 자학하면서 판단의 실수를 저지르게 된다. 그 이유는 일반적으로 우리가 남과 비교를 하며 판단하기 때문이다. 나도 잘못할 수 있고, 마찬가지로 남도 잘못을 저지를 수 있다. 그러나 잘못한 것을 후회하면서 살아가면 현재의 내 삶을 발전시킬 수 없다. 따라서 첫 번째 방법은 나에게 일어난 모든 일을 객관화시키라는 의미이다. 나에게 일어난 일은 나뿐만 아니라 다른 사람에게도 일어날 수 있다는 사실을 알아야 한다.

옛 불교 『원시경전』에 위와 같은 의미의 내용이 있다. 어떤 사람이 애지중지하던 아들을 잃었다. 그는 부처님을 찾아가 "내 아들이 죽었는데 내 아들을 살릴 수 없을까요? 살릴 수만 있다면 무엇이든지 다 하겠습니다."라며 부탁했다.

그러자 부처님이 아랫마을에 가서 사람이 한 명도 죽지 않은 집에서 겨자씨 하나를 얻어 오라는 주문을 했다. 그 사람은 이 집 저 집을 다 돌아다녀보았지만, 사람이 한 명도 죽지 않은 집은 하나도 없었다.

그래서 그는 내 아들만 죽는 것이 아니라 모든 사람이 다 죽을 수 있다는 사실을 깨달았다. 그 후 부처님은 그에게 너의 아들만 죽는 것이 아니라 모든 사람들은 결국 죽는다라는 사실을 가르쳐주었다.

이를 통해서 나의 부모님이 돌아가신 것처럼 다른 사람도 부모님을 잃을 수 있다는 사실을 알 수 있다.

두 번째는 다른 사람을 나 자신처럼 생각하라는 의미이다. 그렇다면 다른 사람의 고통과 비애를 자신의 마음으로 받아들일 수 있다. 타인의 고통을 함께 느끼려고 하면 연민이 생겨난다. 나를 남처럼 생각하고, 남을 나처럼 생각하면 싸울 일이 없다. 이것이 바로 역지사지易地思之다.

세 번째 방법은 남을 남처럼 생각하는 것이다. 타인은 타인이고, 나는 나 자신이다. 이 말은 내 주변 사람을 충고를 통해 바꾸려 하지 말라는 의미이다. 타인은 타인의 인생이 있다. 남을 바꾸려 하지 말고 존중하며 그 자체로 인정해야 한다.

네 번째는 자신을 자신처럼 생각하라. 즉, 나 자신밖에 없다는 의미이다. 어쨌든 내가 옳다고 생각하는 대로 살아가야 한다는 뜻이다. 이 모든 방법이 상충되는 것처럼 느껴지지만 이 방법과 같은 태도를 실천하기 위해서는 평생 수행하는 시간이 필요하다. 오늘 이런 생각을 했다고 해서 끝이 나는 것이 아니라, 꾸준히 평생을 투자해 태도를 가꿔나가야 한다.

지금 닥친 문제들에 대해서 너무 괴로워할 필요는 없다. 희망을 꺾을 필요가 없다는 말이다. 우리에겐 평생이라는 시간이 있다. 평생 동안 다양한 경험을 통해서 나 자신과 주변 사람 모두가 행복하게 살아갈 수 있도록 노력하자.

오늘이 만드는
기적

아직 오지 않은 미래에 대한 예견을 현실화시키지 말라. 또 지나간 과거를 참회한다고 하면서 자신을 괴롭히지 말라.

물론 미래에 대한 준비는 해야 한다. 그러나 준비하기 위한 과정에서 생기는 여러 가지 예측을 현실로 느껴서 고뇌하는 것은 지금의 자신을 불행하게 만든다.

오늘은 오늘의 일, 그리고 오늘만 생각해야 한다. 오늘만 생각하는 것이 쉽지는 않고, 지금도 우리는 과거와 미래에 대해 이야기하고 있지만 이것이 나에게 상처를 입히면 안 된다.

과거와 미래는 오늘을 발전시키기 위한 동력으로 사용되어야 한다. 이것들이 집착이 되어 나를 괴롭히거나 상처를 준다면 오늘의 나 자신이 아니게 된다.

오늘의 나는 아프면 병원에 가야 하고, 운동을 해야 하며, 주어진 일들을 수행해야 한다. 오늘의 일에 집중해야 하는 것이다. 과거와 미래에서 살아갈 필요가 없다.

만일 매일매일 닥쳐온 현실, 지금의 이 상황만 열심히 보고 살아간다면 보이지 않는 가운데 여러분의 노력이 축적되어 단계별로 모든 것이 이루어질 것이다.

하루하루를 쌓아가면 새로운 세계가 열린다. 그 새로운 세계가 기적처럼 느껴질 수도 있지만, 그것은 결코 기적이 아니다. 하루의 노력이 축적되어 나타나는 결과일 뿐이다.

일상의 희열

        이번 장에는 본래적 자아와 일상적 자아의 차이에 대해서 알아보겠다. 독일의 철학자 피히테Johann Gottlieb Fichte(1762~1814)는 세계 1차 대전 이후에 모든 독일 국민들을 단결시키기 위해서 나 자신인 자아와 타자의 투쟁 속에서 자아가 세상의 중심이라고 말하는 '독일 국민에게 고함'을 역설했다. 그는 모든 철학은 그 사람의 성격에 따라 달라진다고 말하며, 보편성을 주장하면서도 사람에 따라 다른 철학을 이야기했다.

    또한 유명한 실존 철학자 야스퍼스Karl Theodor Jaspers

(1883~1969)는 모든 철학은 그 시대와 그 시대 상황의 철학이라고 말했다. 따라서 우리는 그 시대를 보면 그 철학과 시대 상황을 이해할 수 있다.

야스퍼스는 본래 의사였다. 그는 의사가 환자를 진단하는 과정을 통해서 철학을 시작했다. 그때만 하더라도 이미 '신은 죽었다.'와 같은 사상이 국민의 마음속에 들어가 있었음에도 가톨릭을 배경으로 한 철학이 보편적이었다. 새로운 철학과 보편적인 철학이 갈등을 일으키는 한편, 전쟁으로 인해 유럽 전체가 굉장히 불안한 상황이었다.

이 혼란은 두 가지 철학의 갈등에서 이루어졌다. 본래 유럽 전체를 지배하고 있던 가톨릭 철학의 내용은 모든 존재에 신이 앞서 있었다. 따라서 신 앞에서 모든 일반적인 존재는 가치가 없었으며, 심지어 신과 교황의 이름으로 사람들이 처단되기까지 했다. 또 모든 규범, 상식, 관습과 제도, 그리고 법률이 신의 이름으로 이루어졌다.

그러나 삶을 살다보면 인간은 개별적으로 실존적 한계상황에 다다르게 된다. 실존적 한계상황이란 우연, 고뇌, 죄책, 투쟁, 죽음에 대한 불확실성, 질병과 같은 것들로 우리의 통제 범위 밖에 존재한다.

이 중 비연속성을 특징으로 하는 절대적인 우연은 언제, 어디서, 어떻게 벌어질지 모르기 때문에 우리를 불안하게 하고 고독하게 만들면서 절망과 좌절을 가져다준다. 상대적인 우연은 내가 선택하고 결단할 수 있지만, 절대적 우연은 그럴 수 없다. 따라서 한계상황들은 우리의 정상적인 삶을 요동치게 만드는 요인들이다. 이러한 한계상황 또는 극한상황들로 인해서 사람들에게는 절대자에 대한 불신이 생겨나게 되었다.

극한상황을 극복해내기 위해서는 철학이 필요하다. 우리가 살아가는 일상적인 자아를 본래적인 삶, 실존적인 삶으로 바꿔야 한다. 그렇다면 과연 실존적인 삶이란 무엇일까? 옛날과 같이 신이 실존에 앞서 있다는 생각을 버리고 이제는 극한상황에 부딪치는 우리 인간이 신보다 더 앞서 있다고 생각하는 것이다.

인간의 이러한 심리적 세계를 극복하기 위한 자세는 바로 부동不動이다. 우리가 극한상황에 처한 것을 자각하고, 거기에 빠져들지 않으면서 부동한 위치에 있어야 한다. 이것이 바로 본질에 앞서 있는 실존이라고 하는 실존철학의 기초이다.

우리의 일상적 자아를 본래적 자아로 돌이킬 수 있는 것, 즉 부동의 마음이다. 한계상황에 닥쳤을 때 우리는 본래적 마음에 다다를 수 있다.

이러한 철학적인 문제를 하이데거Martin Heidegger(1889~1976)는 일상적 자아, 본래적 자아로 설명했고, 우리나라의 박종홍 선생(1903~1976)도 향내적向內的 자아(본질)와 향외적向外的 자아(일상)로 설명했다.

언제든지 우리는 일상을 반성해야 한다. 이것이 바로 본래적 자아에 들어가는 방법이다. 아침에 일어나서 세수하고 이 닦고, 옷 입는 등의 습관적인 일상에서는 자신의 본래적 자아를 상상할 수 없다.

나는 지금 일어나고 있다, 나는 지금 세수를 하고 있다와 같이 행동과 생각을 함께하면 바로 본래적인 나를 발견할 수 있다. 즉 습관적인 일상적 자아를 반성하면, 본래적인 자아를 만나게 된다. 반성할 때 그 시간은 연속된 일상에서 단절되는 시간이다. 연속된 시간은 우리의 일상이지만 단절된 시간은 스스로를 자각하는 시간이다.

매일 쳇바퀴 같은 일상에서 새로운 차이를 만나게 되면 우리는 행복해진다. 의식의 세계는 무한한 세계로 이루어져 있다. 평탄하게 흐르는 생활 속에서 행복을 느낄 리가 만무하다.

맛있는 음식을 먹고, 좋은 옷을 입는다면 남과 다른 차이에서 행복을 느낄 수 있겠지만, 이러한 방법은 언제나 비용이 따르게 된다. 그러나 마음의 세계를 변화시키는 것은 비용이 들지 않으면서도 가장 쉬운 방법이다.

책을 읽으며 매일 일기를 쓰는 것 또한 자각을 통해서 나를 만나는 방법 중 하나이다. 일상적인 삶에 자각하며 본래적인 나를 만나려는 노력을 통해서 지루한 일상에서도, 희열을 느끼는 순간순간을 만들어가는 독자 여러분이 되시기를 바란다.

마음의 평화를
얻는 길

마음의 평화란 무엇일까? 대부분 마음의 평화를 갖는다고 하면 그것은 '행복'이라고 이야기한다. 그러나 마음의 평화에서 나오는 것은 행복뿐만이 아니라 기쁨, 환희, 찬탄과 사랑, 그리고 즐거움도 있다. 여러분이 하루를 살면서 오늘 내가 얼마만큼 기쁨을 느꼈는가를 생각해보라.

사랑의 기쁨이라는 것은 참 어렵다. 아내에 대한 사랑, 자식들에 대한 사랑, 손자·손녀들에 대한 사랑은 나이를 먹으면서 알아갈 수 있다. 그러나 사랑을 하는 젊은 사람들에게는 그것과는 또 다른 기쁨이 있다. 사람을 사랑한다는 것은

참으로 기쁨을 준다.

더불어 책을 통해서 내가 모르는 것을 알았을 때 희열과 환희를 느낄 수 있다. 기쁨, 즐거움, 사랑, 환희, 희열, 이러한 감정적 표현들을 우리는 '행복'이라고 부른다. 이 행복이 올 수 있는 바탕이 바로 마음의 평화이다. 마음이 평화롭지 않으면 절대 행복이 올 수 없다.

따라서 마음의 평화를 이루기 위해서는 어떻게 해야 하는지 생각해보자. 그것은 크게 두 가지 정도로 생각할 수 있다. 마음의 평화를 얻는 두 가지 길 중 하나는 겸허한 중용의 태도를 갖추는 것이며, 또 하나는 늘 깨어 있는 것이다. 중용의 마음가짐을 갖고 있으면 언제나 불안할 일이 없으니 평온함을 유지할 수 있다.

공자의 일화 한 가지를 통해서 이를 설명하고자 한다.

노魯나라 환공桓公의 사당을 구경하던 공자가 제사상에 기울어진 그릇을 발견하고 사당지기에게 물었다.

"이것은 무엇에 쓰는 그릇입니까?"

"이 그릇은 환공께서 곁에 두고 교훈으로 삼던 그릇, 유좌지기宥坐之器입니다."

공자는 제자들을 둘러보며 말했다.

"내가 알기로 이 그릇은 비면 기울어지고, 적당하면 바로 서고, 가득 차면 뒤집어진다고 하였다. 여기에 물을 부어보거라."

제자들이 물을 부으니 역시 어느 정도 물이 차면 바로 서고, 가득 차면 엎어지고, 비워지면 기울어 있었다.

공자는 이에 말했다.

"무릇 세상 만물은 가득 차면 뒤집어지는 법이다."

그러자 자로가 물었다.

"이 그릇이 가르쳐주는 상세한 이치는 무엇입니까?"

"총명하고 지혜가 많은 사람은 어리석음으로 그것을 지키고, 공이 높은 사람은 사양함으로 그것을 지키고, 용감하고 힘이 많은 사람은 두려움으로 그것을 지키고, 부귀한 사람은 겸허함으로 그것을 지킨다. 이것을 일컬어 덜어서 지키는 지혜라고 한다."

세상을 살면서 늘 이 기울어진 그릇처럼 겸허하게 중용을 지키면 언제 내 삶이 뒤집어질까 염려할 필요 없이 마음의 평화를 얻을 수 있다.

또 다른 하나는 바로 깨어 있어야 한다는 것이다. 즉, 자기 자신이 지금 무엇을 생각하는지를 의식하는 것이다. 그렇다면 깨어 있음은 무엇인가?

깨어 있음을 쉽게 이야기하자면 스스로 자기 자신을 깨치는 것이다. 자기 자신을 깨친다는 것은 아주 간단하게 나는 누구인지, 나는 어디서 왔으며 어디로 갈 것인지, 나는 지금 무엇을 하고 있는지를 스스로 자각하는 것이다. 이것이 바로 깨어 있는 것이다.

스스로가 깨어 있을 때에는 작은 외부의 자극에도 큰 기쁨과 행복, 환희를 느낄 수 있다. 내면적으로도 변화하는 자신을 느낄 수 있다.

한 가지 예를 들어보겠다. 지하철을 놓칠까봐 급하게 달릴 때에도 그냥 막연하게 시간만 쫓으며 달리는 것이 아니라, 달리는 도중 지하철을 타야 하는데 시간이 부족해서 뛰고 있구나를 의식하는 것 또한 일상에서 깨어 있기 위해 하는 노력 중 하나이다.

이동 시간에 책을 읽는 것 또한 깨우치는 것이다. 책을 읽는 동안에 책의 내용과 나 자신은 항상 그 일치를 요구한다. 책의 내용에 집중하면서 나는 깨어 있을 수 있게 된다. 집중을 할 때마다 깨어 있을 수 있다.

매 순간 행복과 기쁨을 느끼기 위해서는 내면적 자아에 집중해야 한다. 하루에 한 번이라도 내가 누구인지, 내가 어디서 왔고 어디로 갈 것인지, 지금 무엇을 하고 있는지에 집중을 하다보면 나 자신을 발견할 수 있다.

위에서 말한 깨우침의 과정을 자주 반복할수록 마음의 평화를 얻을 수 있다. 그 결과 자기 성장을 이룰 수 있고, 어려움에 직면했을 때 극복할 힘이 길러진다. 그것이 바로 자아실현이다. 작게나마 삶의 태도를 변화시켜 스스로에게 집중하면서 행복한 하루하루를 통해 마음의 평화를 얻고 자아실현을 실천하는 이가 되기를 바란다.

오른손으로 벌을 주고
왼손으로 안아준다

이스라엘 사람들은 어떻게 자녀 교육을 시키는지에 대해 알아보겠다. 어린아이가 식당에서 접시를 가지고 놀 때 이스라엘 부모는 어떠한 반응을 보일까? 아이의 손목을 꽉 잡고 움직이지 못하게 힘을 준다. 그럴 때 아이들은 하지 말아야 하는 행동이라고 깨닫게 된다. 하지만 그래도 아이가 장난을 멈추지 않을 때에는 아이를 다른 공간으로 격리시킨다.

이스라엘의 전통은 오른손으로 벌을 주고 왼손으로는 안아준다는 것이다. 절대 매를 가지고 아이를 체벌하지 않는다.

부모의 손이 사랑도 주고, 벌도 주는 것을 아이들에게 각인시키기 위함이다. 또 사람들이 보는 앞에서 아이를 체벌하지 않는다.

어린아이에게 가장 무서운 벌은 바로 침묵이다. 여러 번 아이가 말을 듣지 않을 때에는 침묵한다. 그런 다음 아이가 잘못을 인정했을 때 아이를 위로해준다.

이스라엘의 자녀 교육 중에 가장 주목할 만한 점은 처벌에 애정이 따른다는 것이다. 아이에게 처벌을 한 후에 그 처벌이 꿈에 나오지 않게끔 잠자리에서 따뜻하게 아이를 안아준다.

정리하자면, 부모의 힘을 아이에게 전달하고 아이는 부모의 힘을 느낀 후에 스스로 잘못된 것이 무엇인지 알아내는 것이다. 그래도 아이가 잘못된 행동을 시정하지 않을 경우 위의 모든 방법을 동원한다. 아이를 격리시킨 후, 침묵을 유지해 잘못한 것이 무엇인지 아이 스스로가 생각하게 한다. 이윽고 아이가 자신의 잘못을 깨달았을 때 부모는 아이를 따뜻하게 품어 마음에 상처가 남지 않게 하는 것이 이스라엘의 교육 방법이다.

비단 교육 부분에서뿐만 아니라 우리네 인생도 마찬가지다. 실수하고 잘못한 것에 대해서는 단호하고 엄격하게 제지를 하고, 한계를 정할 필요가 있다. 하지만 다른 한편으로는 일상을 충실히 잘 지켜나가는 자신을 매일 다독거리고 긍정적인 힘을 불어넣을 필요가 있다.

이스라엘의 교육철학은 아이가 부모의 권위에 의해서 위축되어서는 안 된다는 것이다. 우리 역시 절제와 사랑이라는 양날의 검을 쓰되, 늘 자신감을 잃지 말고 살아야 한다.

현재 우리는 전통 사회의 윤리와 현대 윤리의 전환기에 놓여 있다. 현명한 선택으로 자신만의 인생철학을 만들어가는 독자 여러분이 되시기를 바란다.

평온을 위한
기도

이 장에서는 변증법적 신학자인 라인홀드 니버Niebuhr, Reinhold(1892~1971)의 위기의 신학에 대해 이야기해보려고 한다. 라인홀드 니버는 미국에 대공황이 있을 때 '위기의 신학'이라고 불리는 신학의 입장을 세웠다.

그는 인간과 역사에 대해서 이렇게 말했다.

인간은 신의 사자使者임과 동시에 피조물로서
제약을 받고 있는 존재라고 하는 이면성二面性을 갖는다.
이것을 잊게 되면 인간은 교만해지고 거기에서 죄악이 생긴다.

역사는 이 인간의 이기적이고 비합리적인 자유의지와

신의 의지가 충돌하는 무대이며,

인간은 이것을 인식을 통해 꿰뚫어볼 수도,

인간의 힘으로 통제할 수도 없다.

따라서 근본적인 사회개조 등은 단념해야 하고

모든 역사란 타협이다.

이 말은 인간은 역사를 통제할 수 있는 힘이 없고, 그 이유는 이면성 때문이라는 것이다. 인간은 신의 사자使者로서 신과 같은 속성을 가지고 있을 수 있지만, 피조물로서는 그 속성을 넘어설 수 없다.

이성적인 신의 의지와 비합리적인 인간의 의지가 싸우는 것은 인간의 힘으로 막을 수 없고, 그 싸움의 무대가 역사다. 따라서 그는 역사는 타협이라고 이야기했다.

이런 신학자가 바꿀 수 없는 것을 받아들이기 위한 평온에 대해서 기도했다. 그의 유명한 기도문이다.

하나님 바꿀 수 없는 것을 받아들일 수 있는 평온을 주시고

바꾸어야 할 것을 바꿀 수 있는 용기를 주소서.

이 두 가지를 구별할 수 있는 지혜를 우리에게 주소서.

바꿀 수 없는 것을 받아들일 수 있는 것은 포기를 의미한
다. 포기도 용기이다. 바꿀 수 없는 것이 무엇이며, 바꾸어야
할 것이 무엇이냐, 그것을 구별할 수 있는 지혜를 우리에게
달라는 그의 기도에서 간절함이 느껴진다.

우리가 과연 그것을 구별해낼 수 있을까? 그래서 우리는
기도를 할 수 밖에 없고, 기도를 통해 우리는 평온을 가질 수
있다.

마음의 평온을 느낄 때 우리는 비로소 스스로를 자각한다.
평온을 유지하는 것은 굉장히 힘들지만 그것을 유지하기 위
해 많은 노력을 기울여야 한다.

평온을 유지하는 방법에는 그가 말한 기도가 있고, 호흡법
도 있다. 호흡법은 자신의 호흡에 집중하면서 마음의 평온을
찾아가는 것이다.

삶의 호흡을 유지하면서 마음의 평온을 찾아가는 독자 여
러분이 되시기를 바란다.

문화적 질을 추구하여
스스로 만족하는 삶

인생에 집중하면서 삶의 질을 높인다면 얼마나 좋을까.

삶의 질이라는 것이 무엇인지 생각해본 적 있는가? 삶에는 질도 있고, 양도 있다.

삶의 양이라고 하는 것은 의식주와 같은 생활의 물리적 조건을 말한다. 반면 삶의 질이라는 것은 주로 문화에서 오는 것이다. 문화라는 것은 전통문화, 외래문화, 융합문화 등으로 분류할 수 있다. 그리고 문화의 내용에는 철학, 지리, 음악, 예술 등이 있다.

일반적인 관념으로 질質은 양量이 없으면 높아질 수 없다.

그러므로 의식주의 해결이라는 삶의 기본이 전제되어야 한다. 그리고 난 후에 질을 찾을 수 있다.

그렇지만 사실 의식주라는 삶의 양이 충분하지 않아도 문화적 질을 통해 행복감을 느낄 수 있다. 예를 들어 브라질은 다양한 축제를 통해 삼바를 추고 즐긴다. 브라질의 삶의 양은 우리나라보다 만족스럽지는 못하지만, 그들의 삶의 질은 우리나라 국민들보다 높을 수도 있다.

삶의 양을 충족하지 못하더라도 전통을 이어가고, 역사를 반추하고, 또 문화 예술을 통해 얼마든지 질을 높일 수가 있다.

요즘 우리 청년들은 문화적 낙이 없다. 문화적 낙과 가장 가까운 것은 문학과 예술이고, 예술 중에서도 연극과 음악을 들 수 있다. 그런데 극장은 꽤 다니는 것 같지만, 음악을 하는 사람들은 많지 않다는 것이 현실이다.

문화적 질을 많이 가지고 있는 사람은 단칸방에서도 아주 멋있게 생을 마감할 수 있다. 오유지족吾唯知足이라는 말이 있다. 이 말은 오직 만족할 줄 안다는 뜻으로, 남과 비교하지 않고 스스로에 대해 만족한다는 말이다.

만족할 줄 아는 것은 바로 문화적 질을 통해서 이루어진다. 또한 문화적 질을 높이는 것은 오유지족과 같이 남과 비교하지 않는 것이다. 자신만이 가지고 있는 자존감과 즐거움이면 충분하다.

그렇기 때문에 자신만의 취미를 찾아가는 것은 가장 큰 자산이 될 것이다. 삶의 양적인 측면에 너무 불평하지 않아야 질적인 삶을 즐길 수 있다. 취미를 만들어 마음의 문화적 질을 높이는 독자 여러분이 되기를 바란다.

지금 이 순간을
자각하는 것

법정 스님의 「지금 이 순간」이라는 시를 소개하겠다.

지금 이 순간을 놓치지 말라.

나는 지금 이렇게 살고 있다라고 순간순간 자각하라.

한눈팔지 말고 딴생각하지 말고

남의 말에 속지 말고 스스로 살펴라.

이와 같이 하는 내 말에도 얽매이지 말고

그대의 길을 가라.

이 순간을 헛되이 보내지 말라.

너무 긴장하면 탄력을 잃게 되고

한결같이 꾸준히 나아가기도 어렵다.

사는 일이 즐거워야 한다.

날마다 새롭게 시작하라.

묵은 수렁에서 거듭거듭 털고 일어서라.

또한 해인사 일주문에는 이런 말이 쓰여 있다.

역천겁이불고歷千劫而不古

긍만세이장금亘萬歲而長今

억천겁이 지나더라도 옛이 아니오,

만세로 뻗쳐 나간다 할지라도 언제나 지금이니라.

　과거, 현재, 미래 중 어떤 것이 가장 중요할까? 우리는 주로 미래를 바라보며 살아간다. 하지만 가장 중요한 것은 지금 이 순간이다. 이 순간을 잊어버리지 않으려면 항상 자각해야 한다. 운전을 할 때에도 그냥 아무 생각 없이 하는 것이 아니라,

나는 운전을 하고 있다고 생각하고 집중하면 된다. 일상의 모든 순간을 자각하는 것은 내가 살아 있음을 느끼게 해주고, 삶을 즐겁게 만든다.

지난 시간은 흘러가버리고, 지금 이 순간 또한 흘러가고 있다. 그러나 순간을 자각하는 것은 새로운 미래를 자각하는 것이다.

독자 여러분들도 스스로를 남과 비교하지 말라. 내가 살아온 날들에 비추어볼 때, 지금 이 순간 최선을 다하고 있는가를 먼저 생각해보시기 바란다. 그러다보면 어느새 발전한 자신의 모습을 만날 수 있을 것이다.

마음을 전하는 것을
미루지 말라

　　이번 장에서는 다산 정약용茶山 丁若鏞의 『하피첩霞帔帖』을 소개하려고 한다. 『하피첩』은 노을 하霞, 치마 피帔, 문서 첩帖으로 '노을처럼 붉은 치마로 만든 첩'을 뜻한다. 붉을 적赤이 아닌 노을 하霞를 쓴 이유는 붉은 치마는 기생이 입는 치마와 구분이 되지 않으며, 노을처럼 바랜 아내의 담황색 치마를 묘사한 것이다.

　　다산이 귀양 간 지 10년 되는 해에 아내 홍 씨가 해진 치마 다섯 폭을 보내왔다. 바랜 치마가 글씨 쓰기 재료로 꼭 알맞아 다산은 이것을 재단하여 조그만 서첩인 『하피첩』을 만들

었다. 다산은 『하피첩』에 훈계의 말을 써서 두 아들에게 주었
고, 매조梅鳥(매화에 앉은 새)와 함께 글을 써 시집가는 딸에게
주기도 했다.

첫 번째는 시집가는 딸에게 쓴 글이다.

사뿐사뿐 새가 날아와 우리 뜨락 매화나무 가지에 앉아 쉬네.
매화꽃 향내 짙게 풍기자 꽃향기 그리워 날아왔네.
이제부터 여기에 머물러 지내며 가정 이루고 즐겁게 살거라.
꽃도 이제 활짝 피었으니 열매도 주렁주렁 맺으리.

두 번째는 두 아들에게 전하는 훈계의 글이다.

몸져누운 아내가 해진 치마를 보내왔네.
먼 곳에서 본 마음 담았구려.
오랜 세월에 붉은 빛, 이미 바랬으니
늘그막에 서러운 생각만 일어나네.
재단하여 작은 서첩을 만들어서는
아들에게 경계해주는 글귀나 써보았네.

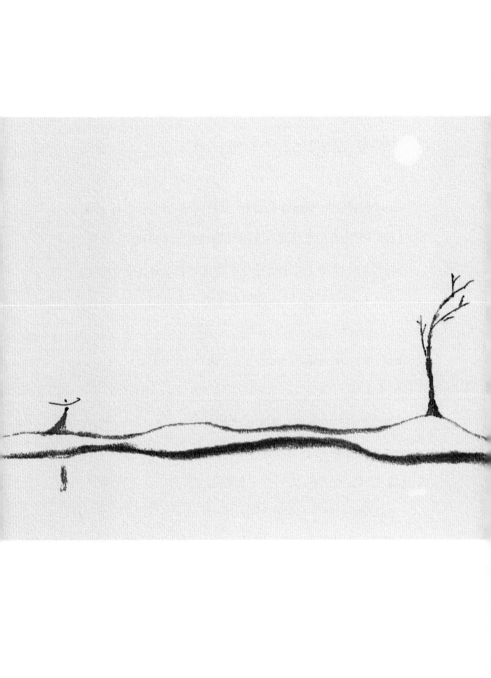

바라노니 어버이 마음 제대로 헤아려서

평생 가슴속에 새겨두거라.

부지런함(근, 勤) 검소함(검, 儉)

두 글자는 좋은 말이니 기름진 땅보다 나은 것이며,

한평생 써도 닳지 않을 것이니 잘 간직하라.

　운송 기술이 발달되지 않았던 옛날에는 편지 한 통을 보내기 위해 오랜 시간이 걸렸다. 편지의 내용뿐만 아니라 편지를 쓰고 기다리는 시간 모두 생각해보면 아름답고 낭만적이기까지 하다. 하지만 지금은 언제든지 마음을 전할 수 있다. 그래서인지 우리는 나중으로 미루곤 한다. 하지만 마음을 전하고 싶은 순간 바로 실천하시기 바란다. 현대의 기술은 우리의 마음을 빨리 전할 수 있게 하는 선물이 아닐까?

오늘이 가장 행복한
날이다

여러분은 언제 가장 행복하다고 느끼는
가? 흔히 우리는 특별하게 좋은 일이 있을 때에만 행복을 느
낀다.

탄줘잉의 책 『살아 있는 동안 꼭 해야 할 49가지』 중 한 가
지 일화를 들려드리겠다.

어떤 회사의 사장이 결재를 기다리는 직원에게 지나가는
말로 "요즘 어떠한가?"라고 물어보았다. 그러자 직원은 "오늘
이 가장 행복합니다."라고 답했다. 사장이 깜짝 놀라며 "자네
올해 나이가 몇인가?"라고 되물으니 직원은 쉰여덟이라고 답

했다. 사장은 "그러니까 이제까지 살아오면서 결혼한 날, 자녀가 태어난 날이 오늘보다 더 행복하지 않았단 말인가?" 물었다.

그러자 직원은 "지금도 그랬고 앞으로도 그럴 것입니다. 부모님 반대를 무릅쓰고 마침내 한 결혼이라 행복했고, 첫아이 태어난 날도 행복한 날이었습니다. 하지만 오늘처럼 좋은 날은 없지요. 과거는 단지 두 번째 날이고, 그 하루하루가 지금 살고 있는 오늘을 만들어주었기 때문입니다." 대답하였다.

그제야 사장은 고개를 끄덕이며 "당장 이사회를 준비하게. 자네를 영업 담당 이사로 임명하겠네. 축하하네."라고 말했다.

지금 가장 행복하다고 외쳐보기 바란다. 단지 입으로만 행복하다고 말하는 것이 아니라 일신우일신日新又日新이니 날로 새롭고, 또 날로 새로워져야 한다. 즉, 행복한 느낌을 매일 새로이 느껴야 한다.

행복의 기준은 사람마다 다를 수 있다. 그러나 이것만은 다를 수 없다. 행복했던 나날들이 모두 모여 바로 오늘을 만든다는 사실이다. 쇠털처럼 많은 행복했던 순간이 모여 당신의 오늘을 만들었다. 그것이 바로 오늘 하루를 감사하며 살아야 할 뚜렷한 이유다.

　그러니 지금 가장 행복하다고 외쳐보고, 쉽게 지나칠 수 있는 이 순간에 집중해보자. 그러면 어느덧 오늘과 지금이 행복의 순간으로 변하는 것을 느끼게 될 것이다.

3부

생사의 두려움을 넘어서는 초월의 길

끝이 없는
경지

고대 호메로스의 「오디세이아」라는 서사
시보다 2천 년이나 앞섰던, 중동 「길가메시 서사시」 끝에 있
는 내용이다.

세계 끝까지 여행하던 주인공 길가메시가 선술집 하나를
발견했다. 길가메시는 그 선술집 주모인 노파 시두리에게 "세
계의 끝을 가려면 어디로 가오, 좀 가르쳐 주시오."하고 물었
다.

시두리가 가로되, "여보 술이나 한잔하시구려, 그런 거 없
습니다." 하였다.

「길가메시 서사시」를 읽다보면 박목월 시인의 「나그네」라
는 시가 떠오른다.

　　강나루 건너서
　　밀밭 길을

　　구름에 달 가듯이
　　가는 나그네

　　길은 외줄기
　　남도南島 삼백 리里

　　술 익는 고을마다
　　타는 저녁놀

이 시가 갑자기 떠오르는 이유는 「길가메시 서사시」에서
말하는 내용과 일맥상통하는 부분이 있기 때문이다.
　끝은 없다. 시에서 말하는 것과 같이 삶이란 구름에 달이
가는 것처럼 그냥 묵묵히 가는 것이다.

또 다른 이야기를 들려주겠다. 언제나 『금강경』을 읽고, 매번 『금강경』을 등에 짊어지고 다녀 주금강이라는 별명을 가지게 된 중국 사람이 있었다. 『금강경』에 대해서는 그를 이길 자가 없었다.

어느 날 그가 용담사라는 절을 찾아가던 도중, 세 갈림길을 만나게 되었다. 어디로 가야 할지를 몰라 갈팡질팡하는데 그 앞에 떡을 팔고 있는 노파가 있었다.

그는 노파에게 "내가 시장하니 점심을 먹도록 떡을 좀 파시오."라고 요청하였다. 그러자 노파는 이렇게 말하였다. "당신은 금강경을 다 알고 있기로 유명한 사람이니, 내가 묻는 금강경에 대한 질문에 답을 한다면 그때 팔겠소."라고 하였다. 이윽고 이어지는 노파의 질문은 이런 것이었다.

과거의 마음도 얻지 못하고

過去心不可得: 과거심불가득

현재의 마음도 얻지 못하고

現在心不可得: 현재심불가득

미래의 마음도 얻지 못한다고 했는데

未來心不可得: 미래심불가득

당신은 어느 마음心에 점點을 찍으시겠습니까?

위 질문에 주금강은 아무런 대답도 하지 못했다. 이렇듯 주금강처럼 『금강경』을 수백 번을 읽는다 해도 깨닫지 않고, 실천하지 않고, 체득하지 못한다면 아무 소용이 없는 것이다.

과거는 이미 지나간 것이고, 현재도 지나가고 있다. 그리고 미래는 지금 속에 있는 것이다. 따라서 그 어디에도 점을 찍을 수 없다. 공부한 것을 직접 깨달아 실천하고 이해하며, 끝을 찾아다니는 것이 아닌 묵묵히 가는 사람이 되기를 바란다.

치우치지도
의지하지도 말라

이번 장에는 지도자가 화합을 도모하기 위해 반드시 갖춰야 하는 불편불의不偏不倚의 자세에 관하여 이야기를 나눠보도록 하겠다.

불편불의에서 '불편不偏'은 치우침이 없이 공정하다는 것을 뜻한다. 공정하다는 말은 둘 이상 개체의 관계 속에서만 이루어질 수 있다. 관계를 놓고 비교를 할 때, 공정성의 척도가 되는 비교의 기준은 크게 양과 질로 나뉜다. 특히 질에 대한 공정성은 개인마다 관심이 다르기 때문에 대립이 되기 쉽다. 그렇기 때문에 질을 공정하게 하려는 주체가 우선적으로 공

정할 필요가 있다.

주체가 공정성을 유지하기 위해서는 우선 마음이 중립적이어야 한다. 중립적이기 위해서는 순수해져야 하고, 마음을 집중해야 한다. 이와 같은 경지에 올랐을 때 공정한 판단과 올바른 방향 설정이 가능해진다.

'불의不倚'는 의지하지 않는다는 것을 뜻한다. 의지하지 않는다는 말은 어느 한쪽에만 무한한 신뢰를 주지 않는다는 말과 같다. 일단 맹목적인 신뢰를 하게 되면 편파적인 판단이 이루어지기 쉽다. 게다가 다른 한편으로는 신뢰하지 못하는 대상이 생기게 된다. 지도자는 두루 의견을 경청하고 수렴해야 할 책임이 있기에 불의의 자세를 반드시 갖추어야 한다.

불편불의의 자세는 늘 신중하고 중용中庸을 지키며 살아가라는 무거운 메시지를 담고 있다. 그런데 이는 비단 지도자에게만 국한되지 않는다. 인간관계에서도, 그리고 우리가 일궈나가고 있는 각종 사업에 있어서도 치우침이 없고 기대지 않아야 바람직한 결과물을 얻을 수 있다. 불편불의의 자세를 갈고 닦아 어느 위치에서든 현명한 판단을 할 수 있도록 하자.

자신의 뜻대로
살아가기

공자보다 30살 아래였던, 공자가 가장 아끼는 제자 안회는 인仁의 실천에 대해 묻자 아래와 같이 답하였다.

"자신의 욕망을 누르고 분수를 지켜야 합니다. 누구나 이렇게 할 수 있다면, 이상적인 인의 사회가 이루어질 것입니다."

삶을 살아가는 데에는 많은 욕망들이 존재한다. 예를 들어 누군가가 택시에 1억 원을 두고 내렸을 때, 그 돈을 주인에게 고스란히 돌려주는 일이 뉴스에 나오는 이유는 이러한 일들이 특별하기 때문이다.

공자는 평소에 제자 안회를 이렇게 평했다.

"그는 훌륭한 사람이다. 밥 한 그릇에, 물 한 표주박을 먹고, 뒷골목의 오막살이에 산다. 보통 사람이면 불평할 텐데 그는 완전히 도를 닦는 즐거움으로 산다. 어쩌면 바보가 아닌가 생각할 때도 있다. 그러나 그를 보면 바보라고만은 할 수 없는 품격이 있다."

안회는 한 소쿠리의 밥과 표주박의 물, 즉 단사표음簞食瓢飮을 실천하였다. 어린 나이에 세상을 등진 안회에 대해서 다른 제자들이 공자에게 물었을 때 공자는 안회를 학문을 즐기는 사람이라고 칭찬하였다.

그런데 안회는 가난한 생활로 인해서 일찍 세상을 떠났다. 이에 대해 공자는 무고한 사람들을 죽이며 천하를 어지럽혔지만 제 목숨을 온전히 누리고 살았던 도척의 삶과 비교하며 "하늘이 착한 사람에게 지불하는 대가가 이런 것이란 말인가!" 탄식했다.

착한 사람善人이 일찍 죽고, 도척 같은 악한 사람惡人이 오히려 영화를 누리고 오래 사는 것은 너무나 공정하지 않다. 그렇다면 진정한 삶이란 무엇인가?

공자는 그에 대하여 자기가 하고자 하는 뜻대로 사는 것이라고 답하였다. 그것이 바로 하늘의 뜻이라고 말하였다. 안회처럼 타인의 시선을 신경 쓰지 않고, 자신의 뜻대로 사는 것이야말로 하늘의 도리라고 말했다. 따라서 힘들고 어려운 일들이라도 기쁘게 하면 그만이다.

물론 살아가는 목적은 반드시 필요하다. 하루하루를 사는 데 급급해하지 말고 뚜렷한 삶의 목표를 가지도록 노력해야 한다. 나는 정신적으로 어떠한 사람이 되겠다는 마음만 있다면 어떠한 일을 하더라도 상관이 없다.

거짓이 없고, 자신의 생각에 솔직함은 어렵다. 하지만 우리가 살아가야 하는 방향이다. 삶의 목적을 가지고 내 뜻대로, 나 자신에게 가장 솔직한 생각과 마음을 가져 행복한 삶을 사는 이가 되기를 바란다.

괴로움과 무상함을
자각하는 것

달라이 라마 14세는 티베트 최고의 정신적 지도자이다. 티베트 불교의 세계관에 의하면, 13대로부터 물려받은 현재 달라이 라마는 자신의 영적인 세계를 다음 후계자에게 넘겨주고 세상을 떠나며 윤회를 하게 될 것이다.

중국이 티베트를 무단 점령한 후 달라이 라마는 인도로 망명을 당한다. 그러자 한국의 불교 신도나 스님들이 법문을 듣기 위해 망명지인 다람살라에 가서 달라이 라마를 참배하곤 했다.

다음 내용은 법문을 듣고 쓴 『한국인을 위한 달라이 라마의 인생론』이라는 책에 있는 내용 중 한 구절이다.

한국은 경제, 문화, 과학이 발전한 나라이다.

자기를 되돌아볼 수 없을 만큼 격변하는 나라여서

한국인들은 무상無常과 고苦를 생각할 틈이

조금도 없는 것 같다.

그러한 생활은 윤택할지 모르나 마음은 불행하다.

고를 깨닫는다면 삶의 의미가 행복에 있음을 알게 되고

무상을 깨닫는다면 아집과 집착에서 벗어나

행복을 느낄 수 있다.

육체적 고통은 세상에서 가장 고통스럽다.

세상에 아픔이 없는 사람은 없다.

누구나 언젠가는 고를 당하게 되어 있다.

그런데 지금 건강히 잘 산다고 해서

육체적 고통이 오지 않을 수는 없다.

따라서 고를 자각할 줄 알아야 한다.

또 이 세상은 무상한 것이다.

무상하다는 것은 허무하다는 것이다.

세상에 변하지 않는 것만 있는 것은 아니다.

불교 경전 가운데 달라이 라마의 말과 비슷한 이야기가 있다.

"아프지 않기를 바라지 마라. 만약에 아프지 않기를 바란다면, 오만과 자신에 차서 어려운 일을 당할 수밖에 없다."

자신이 건강하다고 믿는 사람은 자신에 차 있어서 오만한 태도로 남을 업신여긴다. 그러한 태도로 살아가다보면 반드시 불행한 일이 닥칠 것이다.

이와 관련해서 경전에 나오는 몇 가지 말을 되새길 필요가 있다.

계유성주괴공界有成住壞空, 이 세계에 있는 모든 만물과 세계 자체는 만들어졌다가도 또 얼마 있다가 파괴되고 없어지는 것이다. 이 세계도 영원한 것 같지만 언젠가는 썩어 없어지는 존재이다.

심유생주이멸心有生住異滅, 마음이라는 것도 일어났다가 다른 것으로 바뀐 후 결국에는 사라지는 것이다. 이것이 연속되는 것이 우리 마음의 세계이다.

신유생노병사身有生老病死, 우리 몸에는 생로병사가 있다. 태어나고 늙고, 병들어 죽게 되는 것, 이게 세상의 이치이다.

모든 일에는 성공과 실패가 있듯이, 정情은 희노애락애오

욕喜怒哀樂愛惡慾이 있다. 이것이 모두 인생이다. 결국에는 다무상한 것이다. 만일 이 세상의 무상함을 모른다면 아집과 집착에서 벗어날 수가 없다. 이 세상의 무상함으로 인해 내가 언제든지 오래 살 수 있다는 생각을 버리고 남을 배려할수 있는 것이다. 혼자 사는 것이 아니라 함께 사는 세상이다.

나 홀로 건강하고, 변하지 않는다고 생각한다면 남을 배려하지 못하고, 함께 살아가는 사실을 모르게 된다. 결국 고를 알아야 하는 것이다. 아프고 난 후에야 다른 사람의 병을 이해할 수 있듯이, 부모님이 돌아가시고 난 후에야 모든 게 헛되다는 것을 생각해볼 수 있다. 우리는 그렇게 집착을 버릴수 있다.

발전된 환경이지만 각박하게만 살아가는 우리나라 사람들을 위해 고와 무상을 깨달아 타인을 배려하고 아집과 집착에서 벗어나길 바라는 것이, 달라이 라마의 말씀에 담긴 뜻이다.

혼자서 간다는 것의
진정한 의미

원시불교 경전 『수타니파타』에는 이런 이야기가 있다.

소리에 놀라지 않는 사자처럼

그물에 걸리지 않는 바람처럼

진흙에 더럽혀지지 않는 연꽃처럼

무소의 뿔처럼 혼자서 가라.

위의 내용은 단순히 혼자서 독립적으로 살아가라는 의미

가 아닌, 모든 인간은 주체적으로 하나하나 가치가 있기 때문에 그 가치를 인정하면서 자주적으로 살아가라는 의미이다.

어쩔 수 없이 인생은 혼자서 가는 것이다. 그러나 혼자서 가는 것을 확실하게 인식한다면, 혼자 가는 모두를 발견하게 되고 나 혼자만이 아닌 그들과 함께 살아간다는 보편의식이 생겨나게 된다. 유교의 개념으로 말하자면 화이부동和而不同(서로 조화를 이루지만 같지는 않음)이라고 할 수 있다.

자신의 욕망, 자기 아집에만 빠져 독불장군처럼 나아가는 것은 진정한 주체성이 아니다. 객관적인 사고를 할 수 있을 때 자기 주도적인 삶도 살 수 있다.

춘추전국시대 춘추오패 중의 한 사람인 진나라 문공이 위나라를 정벌하려고 나섰다. 그런데 그 모습을 본 공자 중 서鋤라는 사람이 크게 웃었다. 기분이 나빠진 문공은 왜 웃느냐고 물었고, 공자는 이렇게 답했다.

"제 이웃 사람이 자신의 처와 함께 처가로 가던 중에 길에서 뽕을 따는 여인을 보고 말을 걸면서 수작을 부렸습니다. 그런데 문득 뒤를 돌아보니 자기 처에게 어떤 남자가 수작을 부리며 서로 웃고 있더랍니다. 갑자기 그 생각이 나서 웃음이 났습니다. 죽을죄를 지었습니다."

공자의 말을 들은 문공은 곰곰이 생각하더니 전군全軍에 철수 명령을 내렸다. 그런데 진나라 문공이 도성에 채 도착하기도 전에 북쪽에서 오랑캐가 국경을 침범하는 일이 벌어졌다.

이 이야기를 통해 두 가지 교훈을 얻을 수 있다. 먼저 내가 남을 함부로 대하면 남도 나를 함부로 대한다는 사실이다. 남을 내 마음에 비추어 대하는 살피는 습관을 길러야 한다.

다른 한 가지는 매사에 내 기분에만 취해 있지 말고, 주변 정세를 잘 살펴야 한다는 점이다. 항상 사태를 객관적으로 볼 수 있어야 한다. 눈앞의 욕망에만 취해 있으면 아집我執과 교만에 빠지고, 세상을 합리적이고 객관적으로 볼 수 있는 지혜가 흐려지는 법이다.

무소의 뿔처럼 혼자서 가라는 말은 이기적이고 개인적인 관심에만 빠져 혼자서 살라는 뜻이 아니다. 전체 속에서 개성을 갖고, 독립적이고 자율적이면서 조화롭게 살아가라는 뜻이다. 주체성을 가지고 무소의 뿔처럼 혼자 가되, 객관적이고 합리적인 사고방식을 바탕으로 주변의 다른 이들과 잘 어울려 살아가야 한다.

죽음에 대한
소고

최근 감명 깊게 읽은 책 폴 칼라니티의 작품 『숨결이 바람 될 때』에 대해서 이야기해보겠다. 다음은 그의 시 중 일부분이다.

죽음 속에서 삶이 무엇인지 찾으려 하는 자는
그것이 한때 숨결이었던 바람이란 걸 알게 된다.
새로운 이름은 아직 알려지지 않았고
오래된 이름은 이미 사라졌다.
세월은 육신을 쓰러뜨리지만 영혼은 죽지 않는다.

독자여 생전에 서둘러 영원으로 발길을 들여놓으랴.

폴 칼라니티는 1977년 뉴욕에서 태어나 스탠포드대학에서 영문학, 생물학을 공부한 후 영문학 석사, 문학과 철학을 공부하였으며, 학문의 교차점에 있는 의학까지 공부하기 위해 캠브리지대학에서 과학과 의학의 역사 및 철학 과정을 이수했다.

그 후 예일 의학 대학원에 진학해 의사가 되고, 대학원 졸업 후에는 모교인 스탠포드대학 병원에서 신경외과 레지던트로 일했으며, 박사과정 수료 후 연구를 하면서 미국 신경외과 학회에서 주는 최우수 논문상을 수상했다.

최고의 의사로 꼽히며 여러 대학으로부터 교수 자리를 제안 받던 그의 앞에 장밋빛 미래만 펼쳐질 줄 알았다. 하지만 그런 그에게 반갑지 않은 암이라는 병이 찾아왔다.

환자들을 죽음의 문턱에서 구해오던 36세의 젊은 의사가 자신의 죽음과 맞닥뜨리게 된 것이다.

의사이자 환자의 입장에서 죽음에 대한 독특한 철학을 보인 그는 힘든 투병 생활 중에도 레지던트 과정을 마무리하는 등 삶에 대한 의지를 놓지 않았다.

약 2년이라는 투병 기간 동안 「시간은 얼마나 남았는가? How Long Have I Got Left?」, 「떠나기 전에Before I Go」라는 에세이를 각각 뉴욕타임스, 스탠포드 메디슨에 기고하여 독자들의 엄청난 반향을 불러일으켰다.

그러다 결국 그는 2015년 3월 아내 루시와 딸 엘리자베스 아카디아 등 사랑하는 사람들을 떠나 눈을 감는다.

T.S 엘리엇 또한 「불멸의 속삭임」이라는 시에서 죽음에 대해서 이렇게 노래했다.

웹스터는 너무도 죽음에 사로잡혔기에

피부 밑에 있는 두개골을 돌이라 봤다.

그러자 땅 밑의 가슴 없는 존재들이

입술도 없이 활짝 웃으며

몸을 뒤로 젖혔다.

죽음을 겪어보지 않은 이상, 죽음에 대해서 알 수는 없다. 책과 공부로는 이해를 할 수 없으니 직접 대면해야만 알 수 있는 존재이다.

마지막으로 영국의 의사이자 『의사의 종교』라는 책을 남긴 저술가로도 유명한, 토머스 브라운Sir Thomas Browne(1605~1682)이 죽음에 대해서 남긴 말이다.

우리는 엄청난 투쟁과 고통을 딛고 이 세상에 오지만
세상을 떠나는 것도 여간 어려운 일이 아니다.
죽음은 사람을 불안하게 만든다.
그러나 죽음 없는 삶이라는 건 없다.

동양에서도 오랫동안 죽음에 대한 태도, 죽음을 직면하는 자세에 대한 이야기들이 전해져온다. 그중 하나를 소개하겠다.

노장사상老莊思想의 개조인 장자莊子의 아내가 어느 날 세상을 떠났다. 장자의 제자들과 가장 친한 친구였던 혜시가 그런 장자를 조문하러 장자의 집을 찾아갔다. 그들은 상주인 장자가 당연히 깊이 슬픔에 빠져 있을 것이라고 생각했는데, 놀랍게도 장자는 북을 치며 노래를 부르고 있었다. 조문을 온 방문객들은 말문이 막혀서 그 모습을 바라만 보았다.

그러다 보다 못한 혜시가 나서서 장자가 치던 북을 빼앗으며 화를 냈다. 고락을 함께한 아내가 죽었는데 곡은 못할망

정 노래를 부르는 장자를 나무란 것이다.

그러자 장자는 이렇게 답했다.

"내 아내가 죽었는데 나라고 슬프지 않겠는가? 다만 저 사람이 이 세상에 태어난 일을 생각해보면, 본래 생명을 영위하는 바가 없었네. 삶을 살아가는 바가 없었고, 그렇게 하는 몸도 없었네. 그리고 몸을 이루는 기운도 없었다네. 혼돈 가운데서 알 수 없는 것이 섞여서 기운이 생겼고, 기운이 변화해서 몸이 되었고, 몸이 다시 생명으로 바뀌어서 삶이 시작된 것이네. 그 삶을 살아가던 사람이 이제 죽어서 본래의 모습으로 돌아간 것일세. 이것은 모두 사계절의 변화처럼 자연스러운 일이네. 내 아내는 이제 천지라는 큰 집에서 편안하게 쉴 곳을 찾아 잠들어 있을 뿐이네. 그런데 내가 대성통곡을 한다면, 그것은 천지의 운명을 모르는 일이 아니겠는가?"

죽음이라고 하는 것은 비가 오고 바람이 불고 아이가 자라는 것처럼 자연스러운 일이다. 그러니 슬퍼할 일도 아니고, 의연하게 직면해야 하는 것이다. 하지만 평소에 그것을 존재하지 않는 것처럼 생각하고 있다가 아무런 마음의 준비 없이 닥치면 당혹스러운 것이다. 언제 죽음의 순간이 오더라도 의연하게 맞이할 수 있는가, 그런 준비가 되어 있는 것인가가 중요한 것이다. 살아가면서 죽음에 대해 한번쯤 생각해보는 여러분이 되시기를 바란다.

죽음과
목적의식

앞서 언급했던 책『숨결이 바람 될 때』에 대한 이야기를 추가로 해보겠다.

저자인 폴 칼라니티는 36세에 세상을 떠났다. 2년간 시한부였던 그는 세상을 떠나기 전 딸아이를 만날 수 있었다. 남편이 병으로 떠나기 8개월 전에 그의 아내 루시는 딸아이를 출산했다. 이미 시한부 선고를 받은 남편의 아이를 낳는다는 것이 쉽지 않은 일이었지만 말이다.

죽음을 앞둔 폴은 한 살 된 딸에게 메시지를 남겼다.

네가 어떻게 살아왔는지 무슨 일을 했는지

세상에 어떤 의미 있는 일을 했는지

설명해야 하는 순간이 온다면

바라건대 네가 죽어가는 아빠의 나날을

충만한 기쁨으로 채워주었음을 빼놓지 말았으면 좋겠구나.

아빠가 평생 느껴보지 못한 기쁨이었고

그로 인해 아빠는 이제 더 많은 것을 바라지 않고 만족하며

편히 쉴 수 있게 되었단다.

지금 이 순간, 그건 내게 정말로 엄청난 일이란다.

부부는 둘 다 의사였지만 치료법을 연구하면서 죽음을 회피하는 방법을 찾아보기보다는 덤덤히 죽음에 직면하는 방법을 찾았다.

또한 그들은 다가오는 미래를 대비했다. 폴은 아내 루시가 혼자서도 살아갈 수 있게끔 준비를 했다. 아내에게 자신이 죽은 후에 새로운 사람을 만나도 된다고 이야기해주었고, 딸이 살아갈 수 있는 경제적 준비도 마쳤다.

죽음과 그 이후의 삶을 대비하기 위해서는 이들처럼 죽음을 극복하는 자세가 필요하다. 죽음을 나쁜 것으로만 생각하

지 않고 직면하는 것이다. 생生의 마지막은 죽음이라는 것을 인정해야 한다. 그러다보면 인류애적인 사랑을 할 수 있다. 그렇기 때문에 폴은 이렇게 말할 수 있었다.

우리는 결코 완벽에 도달할 수 없지만
거리가 한없이 0에 가까워지는 점근선漸近線처럼
우리가 완벽을 향해 끝없이 다가가고 있다는 것은
믿을 수 있다.
죽음이 올 때까지 멈추지 마라.
아픔이 닥쳐올 때 너그러워지고,
몇 시인지, 며칠인지, 무슨 요일인지 아무런 의미가 없어졌다.

시간에 대한 의미가 없어지는 것은 목적의식이 희미해지기 때문이다. 그는 의사로서 다시 일을 하는 것이 목적이었다. 목적의식이 흐려진다는 것은 바로 생명이 얼마 남지 않았다는 의미이다.

죽을 때까지 죽음을 직면하여 내가 살아난다면 해야 할 목적을 가지고 있어야 한다는 것, 그렇지만 죽음을 정면으로 맞이하고 죽음을 기피하지 않는 의연한 마음을 가질 것, 저자가 우리에게 남기고 싶은 말이었다. 이러한 폴의 메시지를 통해 마지막까지 목적의식을 가지고 살아가는 자세, 그리고 모든 목적이 희미해지는 죽음을 어떻게 의연하게 대면할 것인지에 대해서 생각해보기를 바란다.

고통은 대립으로부터
나온다

이번 장에서는 지위고하를 막론하고 하나가 되는 방법에 대해 들려드리겠다.

다음은 중국 당나라의 시인 이백李白(701~762)의 시 한 구절이다.

하늘과 땅은 만물이 잠시 깃드는 여관이요

세월이란 끝없이 스쳐 지나는 나그네다.

송나라 시절 천태덕소天台德韶(891~972)라는 스님이 있었다. 그 스님의 제자 홍교소수興敎小壽(944~1022) 스님이 장작 개비가 떨어지는 소리에 깨닫고 이렇게 노래했다고 한다.

와장창 떨어진 것 딴 물건이 아니고
여기저기 널브러진 것 티끌이 아니구나.
산과 강 그리고 드넓은 대지
온 누리가 그대로 부처님의 몸이었네.

나와 이 산하대지 온 누리, 부처님 모두가 하나였다. 여기서 부처님은 가장 아름다운 것이다. 내 마음이 부처님의 마음이 되었다는 것은 아름다워지는 것, 가장 선한 것, 가장 순수하게 되었다는 것을 의미한다.

남을 비난하지 않고 아주 편안한 마음이 되었다. 하늘과 땅과 사람과 내가 하나가 되었다는 것은 곧 마음이 하나로 일치가 된 것이니, 흔들리지 않는 마음을 가졌다는 뜻이다.

고통이라는 것은 대립하는 데에서 나온다. 나는 너와 다르다고 생각하는 것에서부터 나온다. 이런 일치된 마음을 가지고 있는 사람들은 지위고하를 막론하고 경계가 없이 하나로 소통할 수 있다. 이와 관련된 이야기를 하나 들려드리겠다.

소수 스님을 존중하던 어사御使가 있었다. 왕수王隨의 어사 중승御史中丞이라는 작위는, 우리나라로 치면 영의정에 속할 정도로 높은 지위였다.

어느 겨울, 왕수가 전당殿堂에 출정하였다가 소수선사에게 인사를 드리러 흥교사興教寺로 나섰다. 산 아래 호숫가에 다다른 왕수는 홀로 숲으로 들어섰다. 그런데 소수 스님은 옥대를 두른 관리의 방문에도 태연했다. 소수 스님은 왕수를 슬쩍 한번 쳐다보고는 대뜸 물었다.

"당신은 성이 뭐요?"

"왕王가입니다."

인사치레는 그것이 다였다. 스님은 왕수에게 방석을 내밀었고, 두 사람은 종일 이야기꽃을 피웠다. 그러다 날이 어둑해지자 내내 안녕하시라는 한마디만을 건네고는 뒤돌아섰다. 처음 만난 사람과 종일 대화를 나눌 수 있던 것은 소수 스님과 왕수의 사제지간에 대한 사랑이 통하였기 때문이다.

그러나 이 모습을 바라보던 소수 스님의 제자들은 소수 스님이 왕수를 극진히 모시지 않았다는 이유로 겁을 먹었다. 이후 왕수가 흥교사를 재방문한다는 이야기를 들은 제자들은 산문山門 밖까지 나와 도열하였다.

무리의 맨 앞으로 나선 소수 스님은 소나무 아래 서서 그를 기다렸다. 멀리서 이 모습을 발견한 왕수가 얼른 가마에서 내려 종종걸음을 쳤다. 그리고 허리를 굽히는 소수 스님의 손을 덥석 잡았다.

"스님, 왜 갑자기 번거롭게 격식을 차리십니까?"

소수 스님은 곁에 둘러선 제자들의 눈치를 보다가 아무 말 없이 절로 향했다. 그렇게 나란히 숲길을 걷다가 소수 스님은 왕수의 귓전에 조용히 속삭였다.

"중승中丞이야 괜찮으시겠지만 저놈들이 눈알을 부라리는데 어쩝니까."

두 사람은 걷던 걸음을 멈추고 숲길에서 깔깔대고 웃었다.

지위고하, 빈부격차를 막론하고 온전히 자신들만의 대화를 즐긴 스승과 제자의 이야기다.

앞의 이백의 시처럼 우리도 마음이 환하게 열려 산하대지 천지를 여관같이 생각하고, 세월은 스쳐 지나가는 것으로 생각하는 여유로운 마음을 가져야 한다. 작은 초가삼간이라도 만족할 줄 안다면 그만인 법이다.

전생과 미래를
알 수 있는 방법

누구나 전생, 그리고 미래를 알고 싶어 한다. 자, 지금부터 전생과 미래를 알 수 있는 방법을 알려드리겠다.

욕지전생사 금생수자시欲知前生事 今生受者是
욕지내생사 금생작자시欲知來生事 今生作者是

전생을 알고자 하면 지금의 삶이 전생이고
내생을 알고자 하면 지금 만들고 있는 것이로다.

좋은 집에 태어났다면 이는 전생에 좋은 일을 많이 해서이고, 안 좋은 집에 태어났다면 이는 전생에 나쁜 일을 해서다. 하지만 좋은 집에서도 불행할 수 있고, 안 좋은 집에서도 행복할 수 있다. 이는 자신이 어떻게 받아들이는가에 따라 달라진다.

송나라 자보自寶 스님과 사계선사師戒禪師의 이야기를 들려드리겠다. 거지였던 자보는 장거리를 지나가는 스님들의 언행을 보고 고상한 성품을 흠모하게 되었다. 비록 겉모습은 볼품 없고 고약한 냄새가 났지만, 사계선사는 그런 자보를 한눈에 알아보고 절의 곡식과 약품을 관장하는 일을 맡겼다.

하루는 스승의 시자侍者(시중드는 사람)가 몸이 아픈 스승에게 생강을 달여 드리기 위해 생강을 부탁했으나, 이 창고에 있는 물건은 모두 대중의 것이라 대중의 허락을 받고 주어야 한다면서 자보는 단호히 거절했다.

그러자 스승의 시자는 자보에게 스승을 위해 자그마한 생강 하나 못 주냐면서, 인정머리 없고 예의도 없는 사람이라고 비난했다.

시자의 비판에 자보는 내 스승에게 예를 지키는 것은 내가 할 일이지 네가 참견할 일이 아니라고 대꾸했다.

그날 밤 자보는 자기 돈으로 생강 한 근을 사가지고 스승에게 갔다. "스승님 제가 돈이 없어 한 근밖에 사오지 못했습니다. 죄송합니다."라고 인사를 하니 스승은 웃기만 했다.

훗날 군수郡守가 사계선사에게 그 지방의 제일 큰 절의 주지 스님을 추천해달라는 편지를 보내왔는데, 사계선사는 공公과 사私를 잘 구분하는 자보를 주지로 추천했다고 한다.

윗사람의 말이라면 우리는 큰 고민 없이 따르곤 한다. 하지만 자보 스님은 쉽게 지나칠 수 있는 아주 사사로운 일이라도 공적인 일이기에 소신을 가지고 행동했으며, 그렇기 때문에 좋은 결과가 따라왔다.

내생은 멀리 있지 않으며, 당장 내일이 될 수도 있다. 여러분들도 더 나은 내일을 위해 오늘의 좋은 일을 실천하는 한 주를 보내시기 바란다.

마음을 다스리는
세 가지 지혜

이번 장에서는 마음을 다스리는 방법에 대해서 알아보겠다.

첫째, 모든 것은 지나간다. 강물이 흐르는 것과 같이 우리 마음속 일은 지나가기 마련이다. 하지만 막상 역경에 부딪히면 이 말을 쉽게 잊어버리게 된다. 만약 역경에 부딪혔다면 사물을 객관적으로 바라보는 관조의 자세를 가져야 한다.

둘째, 아무리 비싼 시계라도 바늘이 가리키는 한 시간은 똑같으며 아무리 훌륭한 인간에게도 한 시간은 60분이다. 모든 사람에게 주어진 시간은 같다. 우리는 비싼 시계를 갖기

원하지만 모든 시계의 역할은 같다. 사치, 허영과 같은 마음은 우리를 고달프게 만든다. 따라서 우리는 여기서 벗어나야 한다. 인간은 본능에 따라 자신에게 주어진 시간의 가치, 세계의 가치를 구분하려고 하지만 방하착放下着(내려놓음)의 마음가짐으로 집착에서 벗어나야 한다.

셋째, 남을 미워하면 미워하는 대상이 미워지는 것이 아니라 내 마음이 미워진다. 내 마음은 내 것이고, 미움을 받는 쪽의 마음은 내 마음이 아니다.

만약 내가 A라는 사람을 미워한다면 그가 미워지는 것이 아니라 내 마음만 미워지고, 이는 결국 나의 손해이다. 모든 마음의 작용은 자신 속에서 이루어지기 때문이다.

그러니 나는 오직 내 마음에 집중하면 된다. 의식의 집중. 나는 누구인가, 나는 지금 무엇을 하고 있는가, 이런 것이 집중이다.

집중의 삶은 행복한 삶이다. 삶 속에서 이 세 가지 지혜를 실천하시기를 바란다.

당연하다고 생각하는 것에
질문을 던져라

조선일보 어수웅 기자의 기사를 하나 소개하고자 한다. 〈어프로치〉라는 코너에 소개된, 주물 공장 이야기꾼 김동식 씨의 이야기다.

김동식 씨는 10년 넘게 일하면서 단 한 번도 결근을 한 적이 없는 성실한 사람이다. 하지만 청소년기 그는 숙제를 안하면 혼을 내는 학교가 너무나 재미없어서 그때부터 방황을 시작했다고 한다.

가정형편이 좋지 않았던 김동식 씨는 스무 살 무렵부터 여러 가지 아르바이트를 시작했다.

그러다 주물 공장 생활을 하면서 즐겨 듣던 라디오에 사연을 보내 전파를 타게 된 사건을 계기로 온라인 커뮤니티에 글도 쓰고, 맞춤법도 배우고, 책을 쓰는 방법까지 익혔다. 그렇게 1년 반 동안 쉼 없이 글을 쓴 결과 350편의 소설이 완성되었고, 그는 온라인에서 만난 독자와의 인연으로 책도 출판하게 되었다.

그런데 여기서 한 가지 궁금증이 생긴다. 어떻게 18개월 동안 350편이라는 엄청난 분량의 글을 쓸 수 있었을까?

그 비결은 바로 모든 경험을 받아들일 때 있는 그대로만 받아들이는 것이 아니라, 스스로를 돌아보게 하는 질문을 던졌기 때문이다. 그가 겪었던 경험을 옮겨보면 이와 같다.

PC방에서 일할 때 다양한 사람들을 만나게 되었다. 떼인 돈을 받으러 다니는 사람, 고등학생을 데리고 다니는 조폭, 노래방 도우미, 불법 도박장을 운영하는 아저씨, 야동을 보는 할아버지 등등.

하루는 아는 형이 2만 원만 빌려달라고 해서 일하는 중이니까 내 저금통에서 알아서 빼가라고 말했다. 그런데 그 형은 내가 한 달 동안 버틸 생활비인 30만 원을 모두 가져가버렸다. 연락이 두절되었다가 한 달 뒤 미안하다는 말뿐 또 돈을 빌려달라고 찾아온 것을 보고, 사람에게 극히 실망했던 경험이 있다.

그런데 그때 그는 스스로에게 이런 질문을 던졌다.

나는 모든 사람에게 친절하게 대했다. 그 사람들이 옳지 않다고 생각하면서도 웃으며 거리낌 없이 지냈다. 그렇다면 나도 결국은 그들과 같은 사람이 되는 걸까?

그런 의문을 던지며 동식 씨는 자신이 착한가, 착하지 않은가에 대해 스스로 물었다. 이러한 동식 씨의 질문은 글을 읽는 독자들 역시 자신을 되돌아보게 함으로써 마음을 사로잡았다.

김동식 씨는 학교를 뛰쳐나온 것을 후회한다고 말했다. 그러면서 이렇게 말했다.

내가 뭐가 되고 싶은지도 모르고 그냥 가기 싫은 마음 하나로 그만두면, 평생 뭐가 되고 싶은지도 모르고 살게 될 겁니다.

학교를 다니는 것과 다니지 않는 것은 중요하지 않다. 학교를 다녀도 허송세월을 보내는 사람이 있을 수 있고, 학교를 다니지 않아도 배울 수 있는 사람이 있다. 가장 중요한 것은 이 기사의 주인공 김동식 씨처럼 끊임없이 자신에게 질문을 던지는 자세다. 당연하다고 생각되는 것들에 의문을 가지고 객관적인 관점으로 사물을 바라보는 연습을 한다면 자신의 진정한 마음을 알 수 있을 것이다. 하루 한 가지 이상 자신에게 질문을 던져보길 바란다.

천당은
내 마음속에 있다

점원중흥漸源仲興이라는 선사가 괭이를 들고 방 안을 왔다 갔다 하였다. 이를 본 사형師兄인 석상경제石霜慶諸(807~888) 선사가 "무얼 하고 있는가?" 물으니, 점원은 "입적하신 도오道悟(769~835) 선사의 사리를 찾고 있습니다."라고 답했다. 그러자 석상 선사는 "온 천지를 가득 메운 파도가 하늘에까지 치솟고 있는데 도오 선사의 사리를 찾겠다니?" 물었다.

석상 선사가 왜 이런 말을 했는지 이해할 수 있겠는가? 이 말은 곧 온 천지가 도오 선사인데 도오 선사를 찾고 말고가 어디 있느냐는 뜻이다. 온 천지 풀도, 나무도, 비도, 바람도 어

느 것 하나 도오 선사가 아닌 것이 없다는 석상 선사의 선적
禪的인 경지를 나타내 보인 일화이다.

두 번째로 전강 스님의 일화를 소개하겠다. 어느 날 전강
스님이 법당 앞에 소변을 누었다. 이를 본 한 스님이 놀라서
어떻게 부처님 전 앞에서 소변을 볼 수 있느냐며 따져 물었
다. 그러자 전강 스님은 "이 세상에 부처님이 안 계신 곳이 어
디 있습니까?"라고 답했다.

직지인심 견성성불直指人心 見性成佛이라는 말이 있다. 선종
에서 깨달음을 설명한 말로 모든 중생은 불성을 갖고 있어
교리를 공부하거나 계행을 떠나서 직접 마음을 깨닫고 수행
하면 누구나 부처가 될 수 있다는 말이다.

우리는 보통 천당이 멀리 있다고 생각한다. 하지만 천당은
바로 우리 마음속에 있다. 특히 직지인심의 자세가 중요한데,
이는 사람의 마음을 곧바로 가리킨다는 뜻으로 눈을 외부로
돌리지 않고 자기 마음을 곧바로 잡는 방식을 말한다.

자신 내부의 마음을 곧바로 알면 진리를 구하지 않아도 저
절로 얻어지므로 마음에 집중해야 한다.

몸의 욕망, 마음의 욕망을 내려놓기

앞서 방하착放下著을 간단하게 언급하였다. 방하착에서 '방放'은 놓는다는 뜻이며, '착着'은 집착, 걸림을 의미한다.

여기서는 방하착의 유래와 실천 방법을 알려드리겠다.

바라문교를 믿는 흑씨범지黑氏梵志라는 수행자가 오동나무 꽃을 뽑아 부처님께 꽃 공양을 하러 왔다. 부처님이 흑씨범지에게 "놓아라." 하니 흑씨범지는 가지고 온 꽃을 놓으라는 줄 알고 손에 들고 있던 꽃을 내려놓았다.

부처님이 또 "놓아라." 하니 이때에는 왼손에 들고 있던 꽃을 놓았다. 하지만 부처님은 또 "놓아라."라고 말했다. 이에 흑씨범지는 "두 손에 있는 것을 모두 놓았는데 또 무엇을 놓아라 하시나이까?" 물었다.

이에 부처님은 "내 너에게 그 꽃을 놓아라 함이 아니니라. 안으로 감각하고 생각하는 육근에 대한 집착을 놓아라."라고 답했다.

이 일화가 바로 방하착이라는 단어의 유래다.

안眼, 이耳, 비鼻, 설舌, 신身은 오근五根이라고 하며, 이에 '의意'를 더하면 육근六根이 된다. 육근의 대상인 색色, 성聲, 향香, 미味, 촉觸은 오식六識으로, 이에 법法을 더하면 육식六識이 된다.

내려놓음은 육근과 육식을 모두 내려놓음을 뜻한다. 즉, 몸과 마음을 비울 것을 의미한다. 그렇다면 어떻게 비울 수 있을까? 바로 무엇인가에 집중하는 방법을 통해서 비울 수 있다. 마음의 욕망, 몸의 욕망을 모두 비워야 하는데, 역시 매일 매 순간 집중해야 비로소 비울 수 있는 것이다.

'생은 기이고 사는 귀이다.'라는 말이 있다. 기는 '임시로 얹혀살다', '빌리다'라는 뜻을 가지고 있으며, 귀는 '돌아가다'라는 뜻을 가지고 있다.

즉, 사람이 이 세상에 사는 것은 잠시 머무는 일일 뿐이며, 죽는 것은 원래 자기가 있던 본집으로 돌아가는 것을 의미한다. 모든 것은 끊임없이 변화하기를 반복하고, 인간은 그 세상을 여행하는 나그네이다.

그러므로 생에 대한 집착과 두려움을 가질 필요가 없다. 우리는 살아가면서 욕심과 집착을 가지고 살아간다. 하지만 죽음 앞에 설 때 자신이 가진 것들을 되돌아본다. 인생을 잠시 머무는 곳이라고 생각하고, 성공의 기쁨에 빠져 나태해지거나 실패의 슬픔에 빠져 괴로워하지 마시길 바란다.

삶에서 불필요한 것들을
버리기

법정 스님의 말씀 두 가지를 소개하고자
한다.

첫 번째는 「무소유의 삶」이다.

무소유란 아무것도 갖지 않는 것이 아니다.

궁색한 빈털터리가 되는 것이 아니다.

무소유란 아무것도 갖지 않는다는 것이 아니라,

불필요한 것을 갖지 않는다는 뜻이다.

불필요하지만 버리기 아까워 남겨두는 것이 많다. 그런데 이런 말을 들으면 흔히 물건을 떠올리기 쉽다. 하지만 마음속의 혼란, 고뇌 또한 마찬가지이다. 불필요하지만 남겨두는 것은 미련이고, 이는 집착이 된다. 만약 여러분이 어떤 일을 실패했다면, 그에 따른 괴로움, 미련을 버리기 바란다.

두 번째는 「존재의 집」이다.

말은 생각을 담는 그릇이다.
생각이 맑고 고요하면 말도 맑고 고요하게 나온다.
생각이 야비하고 거칠면 말도 야비하고 거칠게 마련이다.
그가 하는 말로써 그의 인품을 엿볼 수 있다.
그러므로 말은 존재의 집이라고 한다.

누군가 말을 함으로써 우리는 그의 존재를 알 수 있다. 외모는 눈으로 보면 알 수 있으나, 인품은 말을 통해 나타나게 된다. 그렇다면 어떻게 좋은 말을 할 수 있을까? 말은 생각을 담는 그릇이다. 우선 생각과 마음이 맑도록 내면을 갈고닦아야 한다. 그 후에 좋은 말을 쓰려고 노력해야 한다.

한번 뱉은 말은 주워 담을 수 없다는 속담을 들어보았을 것이다. 따라서 말을 하기 전에 한 번 더 생각하고, 향기롭고 깨끗한 말을 하도록 노력하길 바란다.

눈먼 자들의 분별심에서
벗어나라

이 장에서는 최초로 성립된 불교 경전인 『수타니파타』에 수록된 글 중 하나를 소개하고자 한다. 『수타니파타』는 부처님이 입적하신 뒤 제자들이 모여 부처님의 말씀을 운문韻文 형식으로 정리한 모음집이다.

걷거나, 서거나, 앉거나, 눕거나, 몸을 굽히거나 펴기도 한다.
이것이 육신의 움직임이다.
육신은 뼈와 근육으로 연결되어 내피內皮와 살로 싸이고
표피表皮에 덮여 있기 때문에 있는 그대로를 볼 수 없다.

육신은 위와 장으로 가득 차 있으며,

또 간·방광·심장·폐·신장·비장이 있고,

콧물·점액·즙汁·지방·피·관절액·담즙·기름이 있다.

또한 아홉 구멍으로는 언제나 더러운 것이 흘러나온다.

눈에서는 눈곱, 귀에서는 귀지, 코에서는 콧물,

입에서는 침을 뱉거나 가래를 뱉는다.

온몸에서는 땀과 때를 배설한다.

그리고 머리는 공동空洞으로 이루어 뇌수로 가득 차 있다.

어리석은 사람은 무명無明에 끌리어

이것을 깨끗한 것으로 안다.

육신은 죽어 넘어지면 부풀어 오르고 검푸르게 되며,

무덤에 버려져 친척도 그것을 돌보지 않는다.

개와 들여우, 늑대나 벌레들이 이를 파먹고,

까마귀와 솔개, 그 밖의 것들이 이를 쪼아 먹는다.

이 세상에서 지혜로운 수행자는

깨달은 자(부처님)의 말씀을 듣고,

이를 있는 그대로 보기 때문이다.

〈저 죽은 육신도 이 산 육신과 같았다. 이 산 육신도 저 죽은
육신처럼 될 것이다.〉하고

안팎으로 육신에 대한 욕심에서 떠나야 한다.

이 세상에서 애욕을 떠난 지혜로운 수행자는,

불사不死와 평안을 누리는 영원한 열반의 경지에 도달했다.

인간의 이 육신은 깨끗하지 못하고 악취가 나며,

꽃이나 향으로 보호된다.

여러 가지 더러운 물질이 여기저기서 흘러나온다.

이런 육신을 가지고 있으면서,

자신을 훌륭한 존재로 생각하고,

남을 멸시한다면 그는 눈먼 자가 아니고 무엇이랴.

우리는 우리의 몸만 가장 깨끗한 것, 고귀한 것이라고 생각한다. 우리의 몸 안에는 장기부터 아홉 구멍으로 나오는 눈곱, 귀지 등도 있다. 그런데 이것들이 밖으로 나오는 순간부터 이를 더러운 것으로 여긴다. 이것들의 본질은 달라지지 않으나 내 몸 안에 있지 않기에 더러운 것이라고 분별하게 된다.

우리 모두는 죽으면 자연으로 돌아가게 된다. 그러므로 누군가의 몸만 깨끗하거나 더럽게 여기는 것은 어리석다. 이 이치는 비단 몸에만 적용됨이 아니다. 사회는 부, 명예, 외모 등 외적인 기준에 따라 분별한다. 나와 비슷한 집단인가 다른 집단인가로 구분하여 태도를 달리한다.

이러한 눈먼 자들이 차별과 집단 이기주의를 야기한다. 하지만 이러한 외적인 기준과는 상관없이 우리 모두는 같은 사람으로 평등하다. 분별하는 마음을 없애고 본질을 바라보는 혜안慧眼을 가지길 바란다.

운명을 만드는 사람

이번 장에는 업보業報에 대한 이야기를 해 보려고 한다. 일반적으로 과거에 저지른 잘못을 업보라고 생각하는 경우가 많다. 그러나 잘못한 것만 '업業'이 아니다. 잘한 것도 업에 포함된다. 잘한 것도 보답을 받고, 잘못한 것도 보답을 받는 것이 업보다.

이러한 업보를 인과응보因果應報라고 하는데, 자신이 했던 일들에 대해서 마땅히 보답을 받는다는 의미다. 선업은 선과를 받고, 악업은 악한 결과를 받는다.

인도에서는 업을 카르마karma라고 한다. 카르마는 몸과 입과 그리고 뜻으로 짓는 것을 포함해 내가 하는 말과 행동, 생각하는 것과 그러한 기운을 말한다.

일반적으로 만들어지는 것이 아니라 짓는다make라고 한다. 이러한 업은 몸으로 짓고, 입으로 짓고, 뜻으로 짓는다고 한다.

몸으로 짓는 세 가지의 업은 아래와 같다. 생명을 죽이는 살생殺生, 남의 것을 훔치는 투도偸盜, 그리고 음란한 행위를 하는 음행淫行이다.

다음으로 입으로 짓는 업은 네 가지로서 거짓말을 하는 망어妄語, 나쁜 말을 하는 악구惡口, 한 입으로 두말하는 양설兩說, 마지막으로 기묘하고 괴상한 말로 사람을 현혹하는 기어綺語이다. 몸으로 짓는 업보다 입으로 짓는 업이 더 많다.

마지막으로 뜻으로 짓는 세 가지의 업은 탐진치貪瞋癡로서 탐욕貪欲과 진에瞋恚와 우치愚癡이다. 풀이하자면, 탐내어 그칠 줄 모르는 욕심과 노여움과 어리석음을 의미한다. 다른 말로 삼독三毒이라고도 부른다.

따라서 업이라는 것은 신구의身口意, 삼업이 중심이 되어 그것에 의해서 과보果報를 받는 것이다. 위에서 말한 열 가지 업에, 하지 않는다는 불不이라는 글자를 넣으면 그것은 선업善業

이 되는 것이고, 그냥 행동한다면 악업惡業이 되는 것이다.

그런데 몸과 말과 뜻으로 짓는, 그 결과에 의해서 보답을 받는다고 했는데 그렇다면 과연 그 보답을 주는 주인은 과연 누구일까? 그 주인은 없다. 바로 인연이 내게 보답을 해주는 것이다. 이것이 불교의 가장 큰 사상이다.

이것은 공空과 연결된다. 인과응보는 있는데, 나에게 보상을 해주는 작자가 없고 주인공이 없으니 공이라고 말한다. 이루어지기는 하는데 구체적으로 무엇이라 말할 수 없다.

공은 텅 비어 있지만, 무엇을 넣으면 들어갈 수 있다. 무한한 가능성이 있다는 뜻이다. 따라서 공은 죽어 있는 것이 아니라 살아 있는 것이다. 텅 빈 것은 정말로 텅 빈 것이 아니다. 원인과 조건이 충족되면 어떠한 것으로 나타나게 하는 것이 바로 공의 역할이다.

그리고 내가 잘못을 저질러 그 결과에 따라 업을 받는다고 하는데, 그 업을 주는 주인이나 작자 역시 따로 있는 것이 아니라 원인과 조건에 의해, 즉 인연에 의해서 이것도 아니고 저것도 아닌 공 속에서 이루어지는 것이다.

예를 들어 내가 주변 사람들을 자주 칭찬하고 격려한다면 나에게 오는 선한 업보는 나로 인해서 오는 것이 아니라 전체적인 환경과의 인연과 조건에 의해서 오는 것이다.

이렇듯 우리 업보에는 작자도 없고, 주인공도 없다. 그래서 응무소주이생기심應無所住而生其心이라고 한다. 머무는 바 없이 마음을 낸다는 뜻이다. 마땅히 무엇에 집착하지 않고, 조건을 걸지 않고 그 마음을 내야 바로 순수한 것이다.

그렇게 살다보면 자신도 모르게 업이 나를 따라오게 된다. 본래가 공이기 때문에 집착을 할 필요가 없다. 내가 잘났다고 집착할 필요가 없듯이 남이 나보다 잘났다고 부러워할 필요도 없다. 그냥 그때의 인연(원인과 조건)에 의해서 보답을 받는다.

그런데 내가 아무리 열심히 한다 해도 조건이 맞지 않는다면 보답을 받을 수 없다. 조건이 맞게 되는 것은 그 사람이 자기 자신을 버리는 공을 실천했기 때문이다. 나를 버리는 것이 바로 공이고, 그것이 큰 과보의 조건을 만들어준다.

쌀과 보리의 종자 같은 것을 인因이라고 칭한다. 연緣은 거기에 대한 노력을 말하는데 비유하자면 비료, 양분 같은 조건이다. 그런데 아무리 좋은 종자라고 하더라도 적당한 조건이 충족되지 않는다면 좋은 곡물이 될 수 없다.

우리 모두 결과만 가지려고 하지 말고 알맞은 조건을 만들어가야 한다. 조건을 만들기 위해서는 악업을 짓지 말고 선업을 지어야 한다. 작자가 없고 주인공이 없는 모든 업은 바로 누구도 아닌, 나 자신을 통해서 만들어진다. 나의 마음은 원래 비어 있기 때문이다.

영국의 철학자 로크는 '타불라 라사Tabula rasa(빈 서판)'라고 말하였다. 인간은 본래 백지와 같은 것이다. 그래서 이런저런 이야기를 들으며 실천을 통해 인생을 변화시킬 수 있다. 자아성찰을 할 힘이 있는 사람은 바로 그 조건이 갖춰진 사람이다.

운명에 나를 맡기지 말고 선업을 행하며 나에게 알맞은 조건들을 만들어가자. 운명을 스스로 만들어가는 사람이 되시기를 바란다.

4부

가치 있는 인생을 만드는 수행의 길

명상의 두 얼굴,
멈추고 들여다보기

이번에는 틱낫한 스님께서 저술한 책 『너는 이미 기적이다』의 일부분을 여러분께 소개하고자 한다.

불교 명상을 들여다보면 두 얼굴이 보일 것이다.

하나는 멈추는 것이고 다른 하나는 깊이 보는 것이다.

멈출 수 있으면 안정되어 집중하게 된다.

그것이 눈앞에 있는 것들을 깊이 보는 연습을 가능하게 한다.

사물의 본성을 깊이 들여다보면 그것을 꿰뚫어 알게 된다.

그 앎이 우리를 고통으로부터 해방시킬 것이다.

멈추는 것止과 깊이 보는 것觀을 통틀어, 지관법止觀法이라고 한다. 지관법은 마음속에 일어나는 번뇌망상을 그치고 현상의 참모습을 꿰뚫어보는 불교의 명상 방법이다. 앞에서 이야기했던 계戒·정定·혜慧의 이치 또한 지관법의 그것과 동일하다. 계와 정이 선행되어 지혜가 나오듯, 지관법 또한 차분히 들여다봄으로써 본질을 알아차리는 원리이다.

예컨대 화가 나는 상황에 직면하면 어렵더라도 화를 중지시켜야 한다. 그리고 왜 화가 나는지에 대해 집중하여 면밀히 들여다보아야 한다. 그렇게 되면 그 화가 아무것도 아니었음을 깨닫게 되고 이내 누그러진다.

마음이 혼란할 때에는 호흡을 크게 하고 숨을 내쉬어보자. 그러면 호흡을 볼 수 있게 되고, 그렇게 되면 마음이 깨끗하게 비워지고 지혜가 나오게 된다. 마음이 집중되어 번뇌망상에서 벗어날 수 있다. 마음을 잘 다스려 사물의 이치를 헤아릴 줄 아는 사람이 되도록 하자.

집중의 힘

동서양을 막론하고 근래에는 심리학자와 종교인들이 '마음챙김mindfulness'이라는 말을 많이 사용한다. 마음챙김이란 한마디로 자각自覺, 즉 스스로를 지키고 인식하여 본연의 존재와 삶에 대해 깨닫는 것이다. 물론 이것은 타고난 자질에 따라 개인마다 선천적·후천적 차이가 있다.

4대 성인 중 한 명으로 꼽히는 석가모니와 성철 스님은 매 순간을 삶에 대해 의심하였고, 이를 위해 극기克己와 고행의 길을 걸었다. 그 끝에 석가모니는 보리수 아래서 깨달음을 얻었다. 또한 성철 스님은 처음 출가했을 때와 죽음을 앞둔 순

간이 '똑같다.'라는 말씀을 남길 정도로, 한결같이 자기 자신만을 끝까지 바라보고 입적하였다.

깨달음을 얻기 위해서는 이러한 성인들과 같은 마음챙김을 통한 끝없는 의심과 환기, 충분한 집중의 시간이 필요하다.

하지만 대부분의 사람들은 한 가지 화두를 품고 집중하기가 쉽지 않다. 집중하려고 하면 번뇌와 망상이 자꾸 머릿속으로 들어오기 때문이다. 하지만 그렇다고 해서 집중하는 것을 포기해버리면 삶의 지혜와 통찰이 나올 수 없다. 또한 본인의 마음과 삶을 들여다보지 않는다면 행복에서도 멀어지게 된다. 따라서 우리 역시 각자의 삶에 화두를 품고 그것에 끊임없이 집중하려고 노력해야 한다.

『너는 이미 기적이다』라는 저술을 통해서 틱낫한 스님께서 말씀하신 행복의 양과 질을 높일 수 있는 집중이 가지고 있는 힘에 대하여 함께 생각해보자.

"집중은 우리가 한 가지 사물에 초점을 모으도록 도와준다. 집중하면 보는 힘이 강해지고 통찰이 가능해진다. 통찰에는 언제나 우리를 자유롭게 하는 힘이 있다. 마음챙김을 유지할 줄 알면 저절로 집중하게 되고, 집중하는 법을 알면 저절로 통찰을 얻게 된다. 마음챙김의 에너지는 우리로 하여금 깊이 들여다보고 필요한 통찰을 얻고 그리하여 변화를 이룰 수 있도록 도와준다."

이처럼 마음의 집중은 곧 행복으로 연결된다. 바쁘고 힘든 일상이 반복될지라도 늘 스스로의 마음을 돌아보고 내가 누군지 늘 생각하고 집중하다보면 진정한 대자유인이 되고 행복에 가까워질 수 있다. 오늘 하루 잠시만이라도 집중을 통해 '나'와 가까워지는 시간을 가져보시기 바란다.

천사의 씨앗을
싹틔우는 법

우리 마음에는 두 가지 씨앗이 있다. 하나는 악마의 씨앗이고, 다른 하나는 천사의 씨앗이다. 천사 같은 언어를 쓰면 천사가 된다. 악마 같은 언어를 쓰면 악마가 된다. 그런데 내가 천사 같은 언어를 쓰고 있는데도, 다른 사람이 나한테 악마 같은 저주스러운 말, 증오스러운 말을 한다면 내 속에는 불현듯 악마의 씨앗이 일어나서 악마처럼 변하려는 생각이 들게 된다.

그러나 내 마음속의 또 다른 씨앗, 천사의 씨앗이 있기 때문에 우리는 그것을 천사처럼 대하는 마음, 즉 칭찬과 긍정적인 말로 대적할 수 있다. 그러면 내 마음의 악마를 천사로 바꿀 수 있는 것이다. 우리 마음속은 원래 고요하고 깨끗하지만 어떤 씨앗을 살리느냐에 따라 악마도 될 수 있고, 천사도 될 수 있다.

여기서 중요한 건, 악마 같은 말에는 실체가 없다는 사실을 깨달아야 한다는 것이다. 우리는 그것에 실체가 있다고 믿기 때문에 마음이 괴롭고 때로는 분노하지만 악마의 말은 연기처럼 덧없이 사라지고 마는, 실체가 없는 허상일 뿐이다. 따라서 그 허상에 속지 말고, 악마의 씨앗이 발동하면 즉시 천사의 씨앗으로 바꿀 수 있다는 것을 믿고 그렇게 전환시킬 수 있도록 노력해야 한다. 우리 마음속은 본래 깨끗하기 때문에 긍정과 칭찬의 말로 언제든 천사의 씨앗을 싹틔울 수 있다.

또한 악마의 씨앗이 일어날 때마다 내가 누구인지, 즉 나에 대해서 자각하려고 하면 그 마음을 다스릴 수 있다. 그런 자각을 습관화하여 언제든 자신의 마음을 돌아보아야 한다. 우리 마음속이 악마의 씨앗이 자라나 불행하다고 생각한다면, 지금부터라도 깊이 있는 성찰과 긍정적인 말로 마음속에 있는 천사의 씨앗을 싹틔워보자.

평등이라는 진리에
이르는 길

학창 시절 우리는 '인간은 태어날 때부터 평등하다.'는 교육을 받아왔다. 그러나 현실 속 우리는 태어나는 그 순간부터 불평등 속에 살게 된다. 예컨대 가정환경, 경제적 상황, DNA 같은 요인으로 인해 다른 출발선에 설 수밖에 없는 게 냉정한 사실이다. 이에 대해 철학자 루소가 『불평등의 역사』라는 책에서도 이야기했으며, 그 외에도 수천 년 동안 많은 철학자와 사상가들이 불평등한 현실을 역설했다는 점에서도 우리가 교육받았던 평등이 현실에서는 구현되기 어려움을 알 수 있다. 그렇다면 이렇게 유구한 인류 불평등의 역사에도 불구하고 왜 우리는 평등을 바라고 추구하는 걸까?

이 이야기를 하기 위해서는 희랍신화의 아레테이아aletheia 와 플라톤의 상기설想起說(선천적 관념을 다시 떠올림)을 들여 다볼 필요가 있다. 희랍신화에서는 사람이 태어날 때 레테 Lethe라는 강을 건넌다고 한다. 레테는 '은폐'라는 뜻을 지니 고 있는데, 어머니 배 속에서 나올 때 망각의 상태로 태어나 는 이유가 바로 레테를 건너기 때문이라고 한다. 그러나 훈련 을 통해서, 망각하고 은폐되어 있던 것들이 하나씩 거두어지 면서 앎이 가능해지는 것이다. 이를 플라톤의 상기설에 비추 어 설명하자면 세상에 태어나 훈련을 받으며 레테의 강을 건 너기 전의 기억을 다시 찾게 된다는 뜻이 된다. 따라서 아레 테이아는 은폐되어 있는 것들이 거두어진다는 의미에서 투 명성, 광명, 그리고 진리를 일컫는다고 할 수 있다.

이 진리의 상기가 바로 평등이다. 레테를 건너기 전에 알고 있던 진리를 찾아나가면서 평등을 유지하고 정의를 실현해 야 하는데, 이 세계가 형성된 이후에 정의와 평등이 실현된 나라는 단 한 곳도 없었다. 마르크스와 레닌이 모든 것을 평 등하게 하자며 공산주의를 주창했지만, 결국 실패로 끝난 것에서도 알 수 있듯이 불평등은 그저 사라져야 할 사회악이 아니라 인정할 수밖에 없는 현실이다.

그렇다면 불평등 속에서도 정의를 구현할 수 있는 방법은 무엇이 있을까? 바로 각자가 가진 요건들을 변화시키는 선한 습관과 덕을 조화시키는 것이다. 즉 에토스ethos(습관)와 노모스nomos(법)를 잘 연결시켜서 자기 행동과 결단이 올바르게 나아갈 수 있도록 해야 한다.

습관이 훈련되면 덕virtue이라는 선한 에토스가 형성되고, 그것이 법과 잘 조화가 되면 행복이라는 세계에 도달할 수 있다. 지금까지 우리는 주입식으로 정의와 평등을 배워왔지만, 이제는 불평등이라는 불가피한 현실을 마주하고 해결책을 찾아야 한다.

그리고 그 출발은 바로 '나'에서 시작되어야 한다. 최소한의 도덕인 법을 지키고 자기의 내면적 습관을 훈련시켜야 한다. 습관을 훈련시키기 위해서는 비이성적 세계를 이성적 세계로 전환시켜야 한다. 그리고 그 중심에는 파토스pathos(열정)가 필요하다. 이 열정은 고통을 감수해야 그 기능을 제대로 발휘할 수 있다. 파토스에는 열정 이외에 고통이라는 뜻도 함유되어 있다는 것을 상기하면 이해가 더욱 쉬울 것이다.

우리 안의 파토스를 부활시켜 선한 덕을 습관화하고, 이를 사회적 법규와 잘 조화시켜 진정한 정의와 평등을 구현하는 데 일조하도록 하자.

마음의 눈으로
본다

옛날, 인도의 한 왕이 궁전을 짓고 전국 각 지에서 최고의 화가들을 불러 모아 그림을 그리게 하였다.

그러자 대부분의 화가들이 형형색색으로 아름다운 그림을 그렸지만, 무슨 영문인지 한 화가만은 벽을 문지르기만 할 뿐 아무것도 그리지 않았다.

작품이 어느 정도 완성되었다는 이야기를 들은 왕은 신하들을 대동하여 작업 현장을 방문하였다. 한쪽 벽에는 화려한 작품이 수놓아져 있었지만, 다른 한쪽 벽에는 아무 그림도 그려져 있지 않았다. 화가 난 왕은 아무 그림도 그리지 않은

화가를 불러 질책을 했다. 그러자 화가는 이렇게 대답하였다.

"대왕께서 마음을 가다듬고 뒤로 몇 걸음을 가셔서 벽을 보면 그림이 나올 겁니다."

그 말을 들은 왕은 대여섯 걸음 뒤로 물러선 후 마음을 가다듬고 벽을 쳐다보았다. 그러자 화가의 말처럼 실제 세계와 같은 풍경이 눈앞에 펼쳐졌다. 옆에서 이 모습을 지켜보던 화가는 다음과 같은 말을 왕에게 전하였다.

"눈으로 보이는 것도 그림이지만 마음으로 그리는 그림도 있습니다. 대왕께서는 마음의 눈으로 이 그림을 보고 있습니다."

이 우화는 겉으로 나타난 모습만 보지 말고 그 안에 있는 참다운 모습을 보자는 교훈을 담고 있다. 국악의 아름다움을 모르는 사람에게 '창唱'은 그저 높게 지르는 소리이지만, 득음을 위한 피나는 노력을 이해하고 마음으로 소리를 듣는 사람은 창의 아름다움을 느낄 수 있다.

그러므로 들리는 소리, 보이는 형상에만 갇히지 않고 그 안의 참다운 면모를 볼 수 있도록 마음의 훈련을 해보는 시간을 갖도록 한다.

마음의 도둑을
잡는 법

서산대사가 쓴 『선가귀감』의 한 구절을
보기로 하자.

무억왈계無憶曰戒요 무념왈정無念曰定이요

막망왈혜莫妄曰慧라 우계위착적又戒爲捉賊이요

정위박적定爲縛賊이요

혜위살적慧爲殺賊이라 우계기완고又戒器完固하야사

정수징청定水澄淸하고 혜월방현慧月方現이니

차삼학자此三學者는 실위만법지원고實爲萬法之源故

무억왈계에서 '계戒'는 우리가 지켜야 할 여러 가지 도덕적 준책들을 의미한다. 대표적으로 살인·도둑질·음란 행위·거짓말을 포괄하는 사계四戒가 있는데, 여기서 계의 핵심은 바로 기억하지 않는 것에 있다. 거짓말을 하거나 나쁜 짓을 저지르면 후회와 반성을 하는데, 그 이유는 우리가 그 행위를 저지른 사실을 기억하기 때문이다. 그러므로 처음부터 그런 기억을 만들지 않도록 바르게 행동하고 마음을 순수하게 하라는 가르침이 계에 담겨 있다.

무념왈정無念曰定을 해석하면 '생각이 없는 것은 곧 선정禪定이다.'라고 할 수 있다. 우리가 하는 모든 행위는 생각으로부터 시작된다. 선정이란 번뇌와 망상과 같은 잡다하고 소란스러운 생각에서 벗어나 마음을 고요하게 하는 행위를 뜻한다. 마음을 하나로 집중하게 만드는 명상을 하면 선정의 경지에 올라설 수 있다.

막망왈혜莫妄曰慧는 '망령되지 않는 것을 지혜라 한다.'라는 뜻이다. 망령되었다는 것은 위에서 언급한 사계를 지키지 않거나 영혼을 제대로 쓰지 못함을 의미한다.

다음으로 이어지는 우계위착적又戒爲捉賊 정위박적定爲縛賊이요, 혜위살적慧爲殺賊이라, 우계기완고又戒器完固하야사 정수징청定水澄清하고 혜월방현慧月方現이니 차삼학자此三學者는 실위만법지원고實爲萬法之源故를 통해 삼학이라 불리는 계·정·혜戒·定·慧의 관계를 파악할 수 있다.

계율은 도둑을 잡는 것이요, 선정은 도둑을 묶어놓는 것이요, 지혜는 도둑을 죽이는 것이다. 계의 그릇이 온전하고 튼튼해야 선정의 물이 맑게 고이고, 따라서 지혜의 달이 나타나게 될 것이다.

도둑질은 사계四戒와 여러 가지 번뇌망상을 의미한다. 계율은 이런 도둑질을 하지 못하도록 잡는 뜻이고, 선정은 도둑을 묶어버리니 애초에 그런 생각이 나오지 않게 한다는 뜻이며, 지혜는 계를 지키고, 선정으로 마음을 집중하면 자연스럽게 도둑을 없애버린다는 것을 뜻한다. 즉, 가장 중요한 지혜는 계와 정이 선행되었을 때 나올 수 있다. 계와 정을 지키고 지혜를 가질 때 행복이 찾아온다. 늘 내면을 잘 갈고닦아 지혜로운 사람이 되도록 노력하자.

깨달음의 첩경

타인에게 들어서 아는 것보다는 스스로 생각해서 의심을 푸는 것이 가장 확실한 자기의 것이라는 사실을 우리는 잘 알고 있다. 이러한 이야기들을 철학사적으로 보자면 AD 4~5세기경 아우구스티누스는 『고백록』에서 시간에 대해 다음과 같이 이야기하였다.

시간이라고 하는 것은 과거·현재·미래를 다음과 같이 정의한다. 과거라는 것이 과연 어디에 있느냐? 과거는 사라진 것이다. 과거는 사라져서 없다. 그럼에도 불구하고 과거가 있는 곳은 바로 현재 우리 생각과 기억 속에 존재하는 것이다.

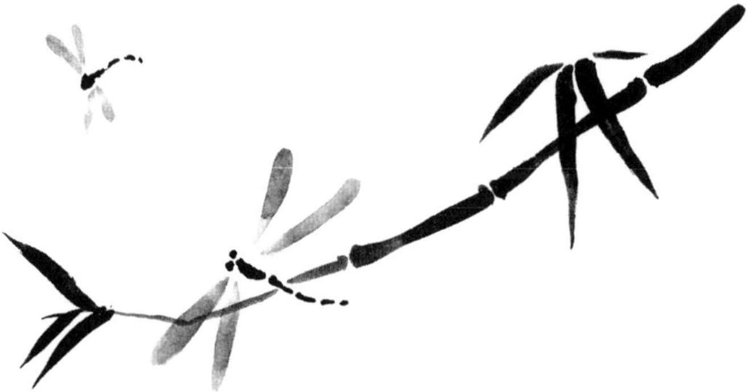

그렇다면 미래는 어디에 있는가? 미래는 아직 오지 않았지만, 우리가 꿈을 가지라고 하는 것처럼 미래 역시 우리의 마음과 생각 속에 그대로 존재하고 있다.

결국엔 과거와 미래는 없고, 이 모든 것은 현재 속의 과거·현재·미래가 존재하는 것이다. 따라서 결국에는 현재만이 확실한 시간이다.

그럼 현재는 어디서 온 것일까? 잠을 잘 때에는 현재를 느낄 수 없다. 꿈속에서도 현재가 존재하지 않는다. 아우구스티누스는 현재에 나를 지켜주는 사람은 하느님이라며 신의 증명을 했다.

이성주의에 기초를 둔 철학의 데카르트도 아우구스티누스가 의심했던 것을 계속 의심하며 방법적 서술을 사용해 존재를 방법적으로 의심하였다.

"나는 생각한다, 고로 존재한다cogito ergo sum."

확실하고 의심할 바 없는 나라는 존재와, 그것을 찾을 방법이 어디 있느냐? 어떠한 귀신의 존재가 내가 하는 생각을 조종하는 것은 아닌가라는 의문을 가질 수도 있다. 그렇지만 내가 존재하기 위해서는 생각을 해야 한다. 긍정하는 것, 부정하는 것 모두 생각이다. 나는 생각한다, 고로 존재한다가 여기서 탄생하게 된 것이다.

아우구스티누스는 내가 생각을 하지 않을 때 하느님이 나를 지켜준다고 했다. 이러한 의심을 통해서 나는 다른 것과 구별되어야 하고, 나만의 특성이 있어야 한다. 그것이 바로 존재의 확실성이다.

우리 동양철학에도 의심하며 나를 알아가는 사례가 있다. 데카르트보다 700여 년 전 앞선 시대이다. 글을 배우지 못해 문맹이었던 육조六祖 스님은 나무를 베어 여관에 팔며 생계를 유지했다. 그러면서도 늙은 어머니를 극진히 모시고 살았다. 그러던 어느 날 여관에 나무를 팔며 나오던 육조 스님은 '응무소주이생기심應無所住而生其心'이라는 말을 들었다. 머무르는 바 없이 마음을 내라는 뜻이다. 후일 육조 스님이 된, 성이 노 씨였던 행자行者는 이 말을 듣고 순간적으로 깨달았다. 이후 행자는 여관방 투숙객에게 가서 방금 그가 읽은 책이 무엇인지 물었고, 투숙객은 『금강경』이라고 말했다.

불가에 입문한 행자는 오조五祖 홍인대사弘忍大師에게 깨달음의 시를 써 인정을 받게 되었다. 그리고 훗날 육조 스님이 되어 많은 제자들에게 존경을 받았다.

육조 스님은 제자들에게 "이 물건은 이름도 없고 형상도 없다. 이것이 무엇이냐?" 질문을 던졌다. 이때 똑똑한 제자 신수가 "이것은 나의 본성이고, 모든 부처님의 본성이다." 대답했다. 그러자 다시 "어떤 물건이 여기 있는가?"라고 묻자 아무도 대답할 수가 없었다. 육조 스님의 질문에 남악회양南岳懷讓 선사는 그 뜻을 찾아 8년간 떠돌아다니며 수행자 생활을 거친 후 돌아왔다. 그리고 "어떠한 물건이라고 해도 틀렸습니다."라고 답했다.

훗날 남악회양은 선불교의 7대 조사가 되었다. 8년간 이 물건이 무엇인지, 내 자신이 무엇인지를 의심했기 때문이다.

데카르트, 아우구스티누스, 남악회양이 의심했던 내가 누구인가에 대한 의심은 모두 동일하다. 바로 마음을 이야기한 것이었다. 그런데 마음이라는 것은 과거와 현재, 그리고 미래에 붙들 수 없다.

인간은 모두 같고 인간에 대한 탐구도 같다. 데카르트는 확실성을 명석판명明晳判明이라는 철학적 어휘로 이야기했지만, 불교에서는 확실성을 의심이라는 것으로 깨우친다고 표현한다.

자기 의심에 의해서 스스로 깨우쳐야 확실한 것이다. 남이 준 의심을 가지고 깨우칠 수는 없다. 그래서 남이 준 것은 그저 지식일 뿐이다. 우리가 깨우치지 못한다고 하더라도 매일매일 나에 대한 집중적 의식을 통해 자신을 확인해나가는 것이 삶에서 굉장히 중요하다. 그것이 바로 참다운 내가 되는 방법이다.

하루의 일과 속에서 잠시나마 나는 누구인지, 나는 어디에서 왔으며, 어디로 갈 것인지에 대해서 의심하기 시작하면 상황이 바뀌어나갈 것이다. 현재 풀지 못하는 문제도 잠시 내려놓은 뒤 나를 반성해보면 그 문제를 풀 수 있다. 그러면서 자신감이 생겨날 것이고, 확실성이 있는 자신을 발견하게 된다. 그런 과정에서 남과 비교하면서 생겼던 열등감도 사라질 것이다.

짧은 시간이라도 나 자신에 대해 의심하길 바란다. 더욱 현명하고 참다운 사람으로 피어날 것이다.

마음의 중심과
올바른 관점

16세기 중반, 23세의 율곡 이이李珥(1536~1584) 선생이 퇴계 이황李滉(1501~1570) 선생을 찾아가 대화를 나누었다. 그 후 퇴계 선생이 율곡 선생에 대한 칭찬을 했다.

그 당시 조선은 고질병이 깊어진 나라였는데, 그럼에도 고칠 줄 모르는 자국의 현실에 대해 개탄하며 율곡 선생이 퇴계 선생에게 쓴 편지다.

"흐르는 물을 맑게 하려면 근원을 맑게 해야 하고, 그림자를 곧게 하려면 몸을 올바르게 해야 한다."

우리 사회를 맑게 하려면 근본적인 문제를 먼저 해결해야 한다는 의미이다. 또 문장 안에서 몸을 올바르게 해야 한다는 것은 위정자들이 항상 올바른 마음으로 정치를 해야 한다는 것을 말한다.

내 몸이 비뚤어지면 그림자가 비뚤게 나오고, 바르게 되어 있으면 바르게 나온다. 그러므로 몸이나 마음이나 모두 바르게 있어야 한다.

그러나 다수가 비뚤어진 곳에서 바르게 있는 것은 참으로 어려운 일이다. 하지만 그것이 우리가 해내야 하는 과제다. 출렁거리고 움직이는 곳에서도 바르게 서야 한다. 물론 외적인 유혹이나 환경에 따라가기가 굉장히 쉽지만, 그럴 때일수록 바르게 생각해야 한다. '이것이 과연 바른 것인가?'라고 스스로에게 반문하고 자각하여 기준점을 찾는 것이다.

행복과 불행도 마찬가지다. 내가 어디에 있든 바르게 생각한다면 그것이 행복이다. 내가 세상을 어떻게 보느냐에 따라서, 즉 관점에 따라서 달라진다. 항상 나의 중심을 바로 세울 수 있는 관점을 가져야 한다. 어떠한 기울어진 땅에서도 관점이 중심을 지키고 있다면 행복한 것이다.

새옹지마塞翁之馬라는 말이 잇다. 인생의 좋은 일과 나쁜 일은 변화가 많아서 예측하기 어렵다. 나에게 일어난 어떠한 사건이 불행한 일일 수도 있지만, 다른 관점에서 좋은 일일 수도 있다. 어려운 일을 당했을 때 나는 왜 이럴까 좌절만 하지 말고, 한 단계 더 도약할 수 있는 기회라고 긍정적으로 생각을 바꾸는 것이 바로 곧은 마음이다. 매사 어떤 관점으로 보느냐에 따라서 달라지니, 마음의 중심을 바로잡는 것을 항상 잊지 않아야 한다.

행복과 불행, 성공과 실패에 너무 집착할 필요가 없다. 마음의 중심을 잡아 바른 관점을 찾아가는 독자 여러분이 되시기를 바란다.

서양의 자각,
동양의 자각

이 장에서는 자각自覺에 대해서 한번 생각해 보려고 한다. 그런데 서양의 자각과 동양의 자각은 어떤 차이점이 있을까?

가장 큰 차이는 이렇다. 서양에서는 나 자신이라는 자아自我가 있고 이 자아를 실현하고자 하는 것에 모든 관심이 집중되지만, 동양은 반대로 자아를 소멸시키고자 한다. 또한 동양철학, 특히 불교철학에서는 본래 특정한 자아가 존재하지 않는다고 주장한다.

자아ego라는 것은 언제든지 자기 이익을 추구하기 위해서 살아나가는 것이다. 따라서 정신병을 극복하는 방법은 자아를 소멸시키는 것이라고 많은 정신병리학자들이 주장해왔다. 그러나 서양의 세계관에는 그 자아가 소멸되지 않는다. 서양에서 내려오던 이성주의의 핵심이 바로 이것이다.

중세 시대에는 이성과 신은 하나라고 생각했다. 신이라는 것은 기독교적인 인격신과 이성이 하나라고 생각했다. 그러나 중세가 무너지고, 르네상스 시대 이후 데카르트, 스피노자, 라이프니츠 등등의 철학자들이 나타나면서 이성에 대한 개념이 바뀌기 시작했다.

특히 스피노자Baruch de Spinoza(1632~1677)는 신의 속성 attribute에 대해서 설파했다. 그는 신의 속성으로 영혼과 물질이 있다고 주장했다. 그런데 여기서 스피노자가 말하는 신은 기독교적인 신이 아니다. 그는 유대인이었지만, 유대적인 신을 믿지 않았기에 파문을 당한 바 있다.

그렇다면 그는 무엇으로 행복을 찾을 수 있었을까? 바로 이성, 혹은 이성으로서의 신이다. 신이라는 완전자가 있는데 이 완전자는 그저 완전자일뿐이지 인격적 완전자가 아니라고 했다.

스피노자가 가장 공격했던 것은 신이 인간들을 위해 모든

것을 만들고 인간은 신을 숭배하기 위해 창조되었다는 논리였다. 그는 이러한 모든 것을 편견이라고 말했다. 또 신은 인격적인 신이 아니라 자연이라고 주장했다. 실체가 있는 것이다. 절대적 신의 속성 중 물질, 즉 자연도 모두 하나의 생명을 갖고 있다고 말했다. 이것이 바로 필연성이다.

그리고 이성적으로 깨달으면 그것이 행복이라고 주장했다. 하나님을 믿어서 행복한 것이 아니라 이성적으로 행복을 직관한다는 뜻이다. 신 그 자체가 자연이고, 자연에는 여러 개체가 있고, 이 개체들 하나하나 다 연속되어 있으며, 내가 그것의 필연성을 분명히 깨달으면 행복해진다고 보았다. 동양의 직관과는 다소 차이가 있더라도 깨닫는다는 행위 자체는 같다.

여기서 가장 중요하게 생각해야 하는 것이 이성이다. 이성은 따진다는 의미다. 자꾸 따져서 궁극적으로 더 이상 따질 수 없는 경지에 도달하는 것이다.

그러나 동양은 반대이다. 따지지 않고 의심 자체로 궁극적인 것에 도달해야 한다. 의심을 풀기 위해 이성적인 작업을 하는 것이 아니다. 의심이 깊으면 깊을수록 더 빨리 깨닫게 된다. 반면 이성의 직관이라는 것은 의심할 수 없는 경지까지 가서 직접 관찰되는 것이다.

그래서 서양의 끝과 동양의 시작이 서로 마주치게 된다. 서양은 의심할 대로 의심을 해서 끝에 가서도 논리적으로 의심하지만, 동양은 더 이상 의심할 수 없는 경지에서 들어간다. 마음의 끝이 바로 곧 시작이다.

한 성자에 대한 이야기를 들려주겠다. 성자라고 일컫는 사람의 친구가 있었다. 성자의 친구는 좋은 보배라고 하면서 성자에게 책을 한 권 가져다주었다. 성자는 책을 읽고 책상 위에 두었는데, 쥐가 와서 책을 파먹었다. 그러자 성자라 불리던 사람은 쥐를 쫓아내기 위해서 고양이를 키우게 되었다.

자신도 모르게 책에 집착하게 된 것이다. 고양이를 키우던 성자는 먹이를 주기 위해서 소를 키우게 되었다. 그런데 소를 키우게 되니 사람이 필요했다. 그러다 결혼까지 하게 되었고, 이윽고 자식까지 가지게 되었다. 책에 대한 아주 작은 집착이 결국 성자를 무너지게 했다.

우리도 마찬가지이다. 만족을 모르고 더, 더, 더 하다가 보면 끝에 맞닥뜨리게 된다. 하나의 집착이 큰 오류를 가져오게 된다는 말이다. 결국은 마음의 끝이 무엇이냐 하는 질문의 답은 더 이상 머리로 이야기할 수 없는 절벽에 부딪혔을 때 바로 깨달음의 세계로 들어가는 것이다. 집착이 끊어지고, 지금까지 알고 있던 지식이 모두 부서져버려야 한다.

자기를 찾는 일은 궁극적으로 호흡을 집중할 때 가능하다. 숨을 내쉬고, 들이쉬는 이 과정을 자각하고, 의식하는 것이다. 이때 모든 번뇌와 망상이 사라진다. 짬짬이 호흡을 잘 살피는 훈련을 하게 되면 행복에 가까워질 수 있다. 그리고 이러한 과정에 재미를 가져야 한다. 물론 때때로 화도 내고 울기도 하지만, 부정적인 감정에 마음이 머물러 집착을 해서는 안 된다.

이 세상의 선과 악, 질서와 혼란, 미와 추라는 것은 결국 절대자인 신이 이러한 것들을 창조했다고 하는 편견 때문에 생긴다. 그 편견이 사라진다면 이성의 직관에 의해서 행복해질 수 있다는 것이 스피노자의 이야기이다. 그리고 비슷한 맥락이지만 조금 다른 관점에서 동양철학에서는 집착을 벗어나야 한다고 이야기한다. 그리고 이 집착을 벗어나기 위해서는 호흡에 집중해야 한다고 했다.

내 머릿속의 번뇌와 망상을 사라지게 하는 방법들을 터득하여 나에게 집중해, 자각하는 여러분이 되시기 바란다.

질문하고 의심해야
발전한다

남의 눈에만 그럴듯하게 보이는 가짜 인생이 아니라 진짜 인생을 살아야 한다. 그렇게 하려면 헛되이 자신을 포장하기만 하는 것을 늘 경계해야 한다.

장자가 노魯나라 애공哀公을 만나러 갔을 때였다. 애공이 장자에게 말했다. "노나라에는 유학이 크게 발달하여 유생이 많습니다. 그래서 선생의 학문을 배우려는 사람이 없을 것입니다."

장자가 답하여 말했다. "아닙니다. 노나라에는 유생이 매우 적습니다."

그러자 애공이 인상을 찌푸리며 말했다. "선생은 노나라 사람들이 모두 유생의 복장을 하고 있는 것을 보지 못했습니까?"

다시 장자가 답했다.

"유생이 둥근 모자를 쓰는 것은 천문을 알고 있다는 것이고, 네모난 신발을 신는 것은 지리를 안다는 것이며, 허리에 옥패를 차고 있는 것은 일이 닥쳤을 때 결단력을 발휘한다는 뜻입니다. 군자가 유생의 이러한 도를 알고 있으면, 꼭 유생의 옷차림을 할 필요는 없는 것입니다. 따라서 유생의 옷을 입고 있다고 해서 반드시 유생의 도를 알고 있다고도 볼 수 없는 것이지요. 의심스럽다면 대왕께서 명령을 내려 유학의 도를 모르는 사람이 유생의 복장을 하면 사형에 처한다고 해보시기 바랍니다."

애공이 어명을 내리고 닷새 후, 전국에 유생 복장을 한 사람은 눈을 씻고 찾아도 찾을 수가 없었다. 그런데 단 한 사람만이 유학자의 복장을 하고 있어 애공이 그를 불러 이것저것 물어보니 모르는 것 없이 막힘없이 대답하였다. 그리고 그 모습을 본 장자는 이렇게 말했다.

"노나라에 유생은 이 한 사람밖에 없군요."

성공적인 인생을 살기 위해서는 눈에 보이는 모습, 겉치장에만 신경 쓰지 말고 진짜 실력을 길러야 한다. 낭중지추囊中之錐라 하였다. 주머니의 송곳처럼 언젠가는 진짜가 드러나기 마련이기 때문이다.

진짜 실력을 갖추기 위해서는 질문하고 의심하는 습관을 길러야 한다. 어느 날 공자는 자신의 제자 안회에 대해서 이렇게 이야기한 바 있다.

자왈子曰, 회야回也, 비조아자야非助我者也
어오언於吾言, 무소불열無所不說이로다.

공자가 말씀하기를 안회顔回는 나의 공부를
도와주는 사람이 아니다.
나의 말에 대해서 기뻐하지 않은 적이 없다.

이 말은 언뜻 이해하기 어렵다. 하지만 곰곰이 생각해보면 반대 의견이나 질문이 있어야 도움이 될 수 있다는 것을 알 수 있다. 남의 조력자가 되기 위해서는 남이 이야기하는 것을 반대하거나 그 내용에 대한 의심이 생겨야 한다. 그래야 그 사람을 도울 수 있다. 그 사람이 하는 것이 모두 완벽해 보인다면 내가 어떤 도움이 되겠는가? 내 주관이 뚜렷해 타인의 말에 반대되는 이야기를 한다면 타인은 새로운 깨달음이나 관점을 얻을 수 있게 된다.

내가 어떤 정보나 지식을 얻었을 때, 맹목적으로 받아들이는 것이 아니라 비판적으로 질문을 하는 태도가 실력을 기르고 발전시킬 수 있는 가장 좋은 자세이다. 책 한 권을 읽더라도 그대로 받아들이는 것이 아닌, 끊임없이 질문하고 의심하여 자신만의 주관을 만들고 진짜 실력을 쌓아가기를 바란다.

나를 찾는 시간

마음이란 무엇인가? 마음이 무엇인지 생각을 해보았는가?

살아가면서 우리는 사랑하는 사람과의 이별이라든가 사업 실패와 같은 큰 고품를 겪게 되면 마음이라는 것에 대해 생각해보게 된다.

육체에는 감각기관들이 있다. 안眼, 이耳, 비鼻, 설舌과 같은 감각기관들이다.

이런 감각기관을 통해 우리는 보고, 듣고, 냄새 맡고, 말하고, 생각하게 된다.

그런데 마음은 형상도 없고, 냄새도, 이름도, 소리도 없다. 마음이 그곳에 있지 않으면 눈으로 보더라도 보이지가 않는다. 어떠한 이야기를 듣더라도 다른 생각을 하고 듣는다면 아무것도 기억나지 않는다.

즉, 우리가 분명하다고 생각하는 육체의 감각을 제대로 느끼기 위해서는 정체를 알 수 없는 의식이 있어야 한다.

그렇다면 과연 이 묘한 마음이 무엇일까? 하루에 한 번이라도 '이 마음이 무엇인가?'하고 묻는다면 그것이 곧 나를 찾는 길이다.

내가 무엇을 하고 있는지 생각하지 않는다면 단지 습관적으로 살아가는 것에 불과하다. 나를 찾는 행위는 멀리서 찾는 것이 아니다. 내가 지금 무엇을 하고 있는지 자각自覺하는 것으로부터 시작한다. 이것이 가장 높은 가치이다. 부나 명예와 같은 것은 단지 남들에게서 인정을 받는 것에 불과한 부나 명예와 같은 것은 허망하기 짝이 없다.

고려 시대 야운野雲이라는 스님이 자기를 자각하기 위한 「자경문自警文」이라는 시를 썼다.

옥토승침최노상玉兎昇沈催老像이요,

금오출몰촉년광金烏出沒促年光이로다.

구명구리여조로求名求利如朝露요,

혹고혹영사석연或苦或榮似夕烟이로다.

권여은근수선도勸汝慇懃修善道하노니,

속성불과제미륜速成佛果濟迷倫이어다.

금생약부종사어今生若不從斯語하면,

후세당연한만단後世當然恨萬端하리라.

옥토끼 오르내려 늙음을 재촉함이요,

금까마귀 출몰하여 세월만 재촉함이로다.

명리를 구하는 것은 아침 이슬과 같음이요,

괴로움과 영화는 저녁연기와 같음이로다.

그대에게 권하노니 부지런히 도를 닦아 속히 성불하며

미혹한 무리를 제도할지어다.

금생에 만약 나의 말을 따르지 않는다면

후세에 당연히 한탄함이 끝이 없으리라.

　여기서 옥토끼는 달을 의미하고, 까마귀는 해를 지칭한다. 해와 달은 세월을 의미한다.

세월은 우리를 기다리지 않고 쏜살과 같이 지나간다. 「자경문」은 스스로를 경계하고 책망하는 글이다. 욕심내는 마음, 화내는 마음, 어리석은 마음을 버리고 나를 찾는 시간을 갖기를 바란다.

부정적인 감정을
다스리는 법

  이번 장에는 일상에서 일어나는 부정적이고 힘겨운 감정들을 다루는 방법을 알아보겠다. 먼저 회교 신비주의 시인 잘랄루딘 루미Jalāl ud-dīn Muhammad Rūmī의 「여인숙」이라는 시를 소개한다.

인간이라는 존재는 여인숙과 같다.

매일 아침 새로운 손님이 도착한다.

기쁨, 절망, 슬픔,

그리고 약간의 순간적인 깨달음 등이

예기치 않은 방문객처럼 찾아온다.

그 모두를 환영하고 맞이하라.

설령 그들이 슬픔의 군중이어서

그대의 집을 난폭하게 쓸어가버리고

가구들을 몽땅 내가더라도

각각의 손님을 존중하라.

그들은 어떤 새로운 기쁨을 주기 위해

그대를 청소하는 것인지도 모르니까.

위의 시는 우리가 겪는 감정, 생각들을 여인숙을 찾아오는 손님으로 비유한다. 반가운 손님이든 반갑지 않은 손님이든 때가 되면 떠나가고 사라지는 것이니 깊이 집착하지 말라는 의미를 담고 있다.

절망, 슬픔 등의 부정적인 감정은 유난히 오래 머무는 기분이 들곤 한다. 그럴수록 자기 마음의 근원에 집중해보기를 권한다. 이 마음이 어디에서 왔는가 하는 원인을 생각해보면 어느덧 부정적인 감정에서 벗어나 깨달음을 얻게 될 것이다.

화를 내지도,
참지도 않는 방법

서산대사의 「삼몽사三夢詞」라는 시 한 편을 소개하겠다.

주인몽설객主人夢說客 객몽설주인客夢說主人

금설이몽객今說二夢客 역시몽중인亦是夢中人

주인이 나그네에게 꿈 이야기를 하네.

나그네도 주인에게 꿈 이야기를 하네.

방금 이야기한 주인과 나그네 모두 다 꿈속의 사람들이로다.

이야기를 하는 주인과 그 꿈의 객, 그리고 듣는 나그네, 세 사람 모두 꿈 얘기를 하고 있으니 이 세상을 꿈으로 본다.

우리는 다른 사람을 두고 처음부터 선한 사람인가 선하지 않은 사람인가 구분 지으려고 한다. 철학사적으로 서양에서는 선악에 대해 중립이 존재하지 않지만, 동양에서는 성무선악설性無善惡說과 같이 중립도 존재한다.

기본적으로 동양에서는 맹자의 성선설을 지지한다. 성악설을 주장했던 순자는 인간을 예절을 통해 교화시켜야 한다고 보았다. 그렇지만 묵자는 인간의 본성은 태어날 때 정해져 있는 것이 아니라 자신의 선택과 판단으로 선과 악으로 흐를 수 있다는 성무선악설을 주장하였다.

묵자의 철학에 의하면, 악인의 본성은 선하지만 그 주변 상황과 조건에 따라 악한 마음을 가지게 되었다고 본다. 그래서 그 죄는 미워하되, 사람 자체를 미워하면 안 된다고 말했다.

그런데 우리는 여기서 의문을 하나 가질 수 있다. 맹자나 묵자의 이론대로 인간의 본성이 선하다면 선한 행동과 말만 해야 하는데, 왜 사람은 욕심을 내고, 증오하는 마음을 갖고, 질투를 하는 것일까?

내가 누군가에게 나쁜 행동을 한다고 치자. 그렇다면 우리의 본성이 악해지는 것이지, 그 대상은 선한 본성을 그대로 유지한다. 결국 악한 행동은 그 대상에게 한 것이 아니라, 나의 악한 자화상에게 한 것이나 마찬가지이다. 타인을 향한 악함은 결국 나를 향하게 된다.

화가 나는 이유는 내 속에서 화가 나거나, 타인이 화가 나도록 만들었기 때문이다. 그렇다면 우리는 화를 내야 할까? 아니면 참아야 할까? 좋은 방법이 있다. 화를 내지도 않고, 참지도 않는 방법은 바로 화를 잊는 것이다.

화가 나는 상황과 조건을 잊는 것은 나쁜 과보果報를 받게 하는, 나쁜 인因을 없애는 것이라고 할 수 있다. 하지만 분노가 쉽게 잊히지 않는다면, 그럴 때에는 어떻게 해야 할까?

이럴 때 마음의 아름다운 면에 집중해보길 바란다. 우리의 마음에는 여러 형태가 일어나고 있다. 살아오면서 해왔던 수많은 선행들이 사진을 찍어둔 것처럼 마음에 존재한다. 잘 잊기 위해서는 선행과 같은 과거의 좋은 기억, 즐거운 추억들에 집중하면 된다. 화가 나거나 악한 마음이 들 때, 언제든지 꺼내볼 수 있도록 아름다운 추억을 많이 만들기 바란다.

진리의 열쇠는
가까운 곳에 있다

공자의 제자 민손閔損의 이야기를 들려드리겠다.

민손은 일찍이 어머니를 여의었다. 이후 아버지와 재혼한 새어머니가 아래로 동생을 둘 낳았다. 그런데 새어머니는 민손을 미워하고 자신이 낳은 아이들만 예뻐했다. 겨울이 되자 새어머니는 동생들에게만 솜옷을 입히고, 민손에게는 홑옷을 입혔다.

그러던 어느 날 아버지가 민손에게 수레를 몰게 했는데, 민손은 추위에 부들부들 떨다가 그만 채찍을 놓치고 말았다.

이에 아버지가 "이놈, 나이 먹은 놈이 수레 하나 제대로 끌지 못하고 채찍을 놓쳐?" 말하면서 화를 벌컥 냈다. 그렇지만 민손은 변명 한마디 하지 않고 꾸중을 달게 받았다.

그러다 아들을 유심히 살펴보던 아버지는 한겨울인데도 민손이 여름 홑옷만 입고 떨고 있음을 알아차렸다. 화가 난 아버지는 새어머니를 쫓아버리려고 했는데, 그때 민손이 "어머니를 보내시면 안 됩니다. 어머니가 계시면 한 아이만 홑옷을 입지만, 어머니가 쫓겨나시면 세 아이가 홑옷을 입게 됩니다."라고 답했다.

민손의 깊은 뜻을 알아챈 아버지는 부인을 내쫓지 않았고, 새어머니 역시 마음을 고쳐먹고 세 아이를 공평하게 돌보는 자애로운 어머니가 되었다.

새어머니에게 구박을 당하면서도 민손은 새어머니와 이복동생들을 걱정했다.

진리의 열쇠는 먼 곳에 있지 않다. 가까운 것에서부터 찾으면 멀리 있는 것도 깨달을 수 있다. 그렇다면 제일 가까운 것은 무엇일까? 바로 나 자신이다.

맹자는 이렇게 말했다.

"만물이 모두 내 안에 갖춰져 있으니 자신을 성찰해 나아가면 이보다 더 즐거운 일은 없다."

내가 하기 싫은 일을 누군가에게 대신 시키고 싶을 때가 있다. 하지만 내가 싫은 것은 남도 싫음을 깨닫고 어떻게 해결해나갈지 생각하면 어느새 일이 마무리되기도 한다. 늘 자기 자신을 성찰하는 마음으로 남을 살피기 바란다.

나의 세계는
내가 창조하는 것이다

불교의 근본 교리로 연기緣起가 있다. 연기는 자존적인 만물은 없음을 주장한다. 모든 존재가 조건과 원인이 없으면 결과도 없음을 의미한다. 즉, 존재는 연기에 의해서, 인연의 변화에 따라 이루어진다고 할 수 있다. 그렇기 때문에 이 세계는 고정적이지 않다.

또 하나의 불교 근본 교리로 공空이 있다. 이것은 인간을 포함한 일체 만물에 고정불변하는 실체가 없다는 사상이다. 흔히 비움의 의미는 알고 있지만, 비어 있다는 것이 무엇이든 만들 수 있다는 가능성을 내포하고 있다는 사실을 잘 인지

하지 못하는 경우가 많다. 그렇지만 앞서 말한 것처럼 고정된 세계는 없으며, 그렇기 때문에 우리는 얼마든지 나만의 세계를 만들 수 있다.

사회는 학벌, 직업, 부 등 고정된 기준을 만들고, 이에 만족하는 자와 불만족하는 자를 구분한다. 만약 고정된 세계만을 고집한다면 분란이 발생하게 될 것이다.

장인정신匠人精神이라는 말을 들어보았을 것이다. 자신이 하고 있는 일에 전념하여 그 일에 정통하려는 철저한 직업 정신을 말한다. 남들이 만든 기준에 나를 맞추는 것이 아닌, 스스로의 세계를 만들어나가는 사람이 많아진다면 직업의 귀천貴賤은 사라지고, 일하는 행복도 더 크게 느낄 것이다.

춘추전국시대 조趙나라의 대부 양주襄主는 당대 말 타기의 명수였던 왕자기王子期에게 말을 타는 법을 배웠다. 얼마 지나지 않아 양주는 왕자기에게 시합을 하자고 권유했는데, 양주는 말을 여러 번 갈아탔지만 왕자기를 이길 수가 없었다.

거듭된 패배에 화가 난 양주는 왕자기를 탓하며 말했다.

"당신은 나에게 모든 기술을 다 가르쳐주지 않았습니다."

이에 왕자기는 답을 주었다.

"저는 모든 기술을 다 알려드렸습니다. 다만 대부께서 말을 부리는 방법에 잘못이 있었습니다. 먼저 말과 수레를 일치시켜야 하고, 말을 타는 사람과 말의 마음이 서로 조화가 되어야 합니다. 그런데 대부께서는 뒤처지면 앞지르지 못해 초조해하고, 앞지르면 또 뒤질까봐 근심 걱정에 사로잡혀 말에 대해서는 전혀 신경을 쓰지 못하고 있습니다. 말을 타고 멀리까지 경주를 할 때는 앞서거나 뒤처지는 것이 늘 있는 일입니다. 그런데 대부께서는 앞서거나 뒤처지거나 마음이 저에게만 기울어져 있어 말과 일치되지 못하였으니 어떻게 저를 이길 수 있겠습니까?"

원하는 목적을 이루기 위해서는 경쟁자에게 집중하기보다는 자신의 실력을 기르는 데에만 온 신경을 기울여야 한다. 쓸모없는 데 감정에 신경을 쓰면 온전히 집중할 수 없고, 일을 하는 자세가 흐트러지는 법이다. 결국 어떤 분야든 자기와의 승부로 치환해야 최고의 경지에 이를 수 있다. 물론 그 과정에서 느끼는 행복감의 차이는 두말할 필요도 없다.

외모는 평범하지만 훌륭한 인품을 가진 이에게 사람들은 호감을 느낀다. 각자의 매력으로 인해 사람의 이미지는 다르게 보일 수 있다. 사람들에게는 저마다의 세계가 있는데, 어떤 세계에 집중했는가에 따라 풍기는 분위기가 달라진다.

현재 내가 처한 빈부귀천貧富貴賤의 상황과 무관하게 내가 어떤 가치관, 어떤 사고방식으로 살아가느냐에 따라 내 삶이 바뀌고, 새로운 세상을 창조할 수 있다. 연기와 공의 철학을 바탕으로 자기 인생의 주인공이 되어, 아름다운 세계를 만들어나가기 바란다.

인생은 낭비하기 때문에
짧다

우리가 지키려는 올바른 가치는 다툼보다는 평온, 불행보다는 행복, 질병보다는 건강, 시기와 질투보다는 이해와 사랑이다. 그렇다면 이렇게 가치 있는 생애를 살아가기 위해서는 어떻게 해야 할까? 『대인각경大人覺經』에 나온, 삶의 중요한 가치를 실현하는 다섯 가지 방법에 대해서 이야기해보겠다.

인욕제일장忍辱第一將 : 참고 견디는 것이 제일 장사요

지족제일부知足第一富 : 족함을 아는 것이 제일 부자고

무병제일리無病第一利 : 병 없음이 제일의 이익이며

선우제일친善友第一親 : 좋은 벗이 제일 친한 이요

열반제일락涅槃第一樂 : 열반이야말로 제일의 즐거움이니라.

이 다섯 가지 방법들을 마음속에 담아두었다가 필요할 때마다 상기시키면 보다 가치 있고 나은 삶을 사는 데 도움이 될 것이다.

그렇다면 인생을 가치 있게 살기 위한 가장 핵심적인 지혜는 무엇일까? 그것은 하루하루를 허비하지 않고, 적극적인 자세로 충실히 살아가는 것이다.

육체보다 영혼을 우위로 생각하는 스토아학파이며 고대 로마제국 철학자였던 세네카Lucius Annaeus Seneca는 평소 윤리와 금욕을 강조했다. 그는 이런 말을 남겼다.

人生(인생)은 짧은 것이 아니라 낭비하기 때문에 짧다.

우리는 인생을 쏜살같다고 표현한다. 하지만 인생은 정말로 짧은 것이 아니라, 생각 없이 낭비하기 때문에 짧은 것이다.

인생을 낭비하지 않기 위해서는 어떻게 해야 할까? 우선 목표를 세우고, 하루하루 무엇을 하는지 의식을 가지고 자각하는 자세가 중요하다. 많은 사람들은 무엇을 할지, 어떻게 할지 고민하는 데 많은 시간을 보낸다. 그러다 이 과정에 지쳐 시작조차 못하기도 한다.

지금 무엇이든 시작하기 바란다. 먼저 시작하고 이후에 방법을 바꾸는 편이 훨씬 낫다. 만약 실패를 한다 해도 이는 비극이 아닌 우리네 삶의 한부분일 뿐이다. 늘 성공만 하는 삶이란 없다. 실패와 슬픔이 함께할 때 우리의 삶은 더욱 충만하게 된다. 그러니 일단 시작하고, 그 과정들을 즐기는 지혜를 갖기 바란다.

나의 삶, 나의 종교

나의 삶, 나의 종교, 나의 삶이란 내가 살아온 역사일 것이요, 나의 종교란 나와 종교는 어떤 관계인가를 말하는 것이다.

동국대학교 불교대학 철학과를 입학한 때부터 나는 불교와는 떨어질 수 없는 관계였다고 할 수 있다. 그것은 이미 나의 자의적 선택이었기 때문이다. 내가 살아온 역사는 동국대학교의 울타리를 떠나서는 생각할 수 없다. 동국대학교 생활이 나의 삶의 역사이다.

얼마 동안 다른 대학교수로 재직한 때가 있긴 하였으나, 그때도 동국대 강사와 박사과정을 이수하였으니 나는 동국대학교를 떠난 적이 없다고 볼 수 있다. 또한 단 한 번도 다른 종교를 넘나든 경험이 없기에 나는 불교 속에서 살았다고 할 수 있다. 불교 속에서 살았다는 뜻은 내 평생의 역사 속에 명멸되었던 슬픔과 기쁨, 고뇌와 좌절, 성공과 실패가 모두 불교의 믿음에 의존해서 극복되었기 때문이다.

나는 1958년 3월 동국대학교 불교대학 철학과에 입학했다. 지금은 문과대 철학과이지만 내가 왜 불교대학임을 강조하느냐 하면, 그때 문과대 철학과였다면 나는 동국대학교 철학과에 지원하지 않았을 것이기 때문이다. 철학의 매력, 즉 보편적 학문으로서 인간과 우주의 진리를 탐구하는 학문이라는 기초적인 지식은 가지고 있었으나, 그중에서도 불교적으로 인간과 우주를 탐구하고 싶었기 때문이다.

내 인생 중에 가장 잘 선택한 것은 불교와 철학이요, 이는 곧 동국대학교 불교대학 철학과를 선택한 것이기도 하다. 나는 지금도 불교적 진리로 인생의 장도를 마감하는 노정을 걷고 있다. 동국대학교에서 불교를 위하여 한 번은 직선, 한 번은 간선으로 총장을 8년 역임하기도 하였으나, 그러한 명예보다 오히려 불교적 믿음과 그로 인하여 내 인생이 더욱 희열과 선열을 맛보는 데 심취하였기 때문이다.

누구보다도 나는 동국대학교와 불교의 혜택을 많이 받은 사람이라 생각한다. 내가 어려울 때 부처님께 매달려 기도하고 내가 죽음에 직면해서도 부처님의 가피로 살아왔고, 지금도 그 가피를 갚기 위해 전법에 힘을 쏟고 있다.

나의 이번 생은 부처님의 시봉 노릇을 하는 것으로 끝을 맺으려고 한다. 그러기 위해서는 깨달음에 대한 신심이 확고해야 한다고 다짐하고 있다. 지금부터 나의 살아온 생애와 불교적 믿음의 변천을 말하고자 한다.

대학에 입학한 나는 철학을 하려면 무엇보다도 영어를 자유자재로 읽고 써야 한다고 믿었다. 사실 그때는 불교학 개론이나 불교문화사를 배웠지만, 불교의 진면목을 알지 못하고 다만 인간의 실존적 고뇌와 허무, 무상 죽음의 문제를 해결하는 데 도움이 될 것이라고만 생각하고 있었다.

일반적으로 젊은이가 생각하는 인생의 무상성에 대한 회의와 함께 학교 공부를 잘해야 한다고 믿었다. 그러던 차에 선배인 박성배 교수(미국 스토니부룩대 한국학과 교수, 정년퇴직)를 만나게 되고, 선배로서 그분에게 존경과 신뢰를 갖게 되었다.

박 교수가 우연히 공부 모임에 동행하기를 권하여 입학한 그해 겨울방학에 필동에 있는 동국대학교 불교학과 기숙사인 기원학사에 갔다. 그곳에 서경수 교수가 계셨고, 그분의 지도로 영어 원서를 읽기 시작했다.

버트런드 러셀Bertrand Russell(1872~1970)의 『철학이란 무엇인가The Problems of Philosophy』를 한겨울에 완독했다.

서경수 교수는 영어에 능통했으며 철학 용어에도 해박했고, 특히 그의 비판의식은 상대방의 허점을 찌르는 촌철살인寸鐵殺人의 예리함이 있었다. 그는 언제나 학문과 저널리즘을 비교하여 언론은 단편적 지식이기 때문에 다이제스트적 지식은 학문이 아니고, 이론적 체계를 이해하기 위해서는 원전을 독파하여 지식을 갖춰야 한다고 역설하였다.

아무튼 나는 그 한 권의 책을 완독한 후에 영어에 자신감이 생겼고, 나의 대학 동료들과 『철학이란 무엇인가』를 다시 읽기도 하였다. 나는 동국대학교에서 서경수, 박성배 교수 등과 같은 훌륭한 선배를 만나 큰 기쁨을 얻게 되었다.

학문에 대한 열정과 현실비판의식의 각성 면에서 서경수 교수가 나에게 영향을 끼쳤다면, 박성배 교수는 나의 불교적 인생에 좌표를 설정해주신 분이다. 언젠가 박 교수와 내가 광화문 앞을 걷고 있었다. 그때 내가 실존, 고뇌 죽음 등을 애기하였다. 그런 나에게 그는 '범소유상 개시허망 약견제상비상 즉견여래凡所有相 皆是虛妄 若見諸相非相 卽見如來'를 설명하며 이미 무상을 느꼈으면 무상이 아니라고 했다. 나는 이때 죽음, 고뇌, 불안 등이 사라지면서 '그렇다. 죽음을 인식하고 고뇌를 느끼고 불안을 알면 그것은 이미 극복된 것이다.'라고 확인하며 삶의 새로운 긍지와 자존심을 갖게 되었다.

우리 독서팀은 서경수, 박성배, 김해동(불교학과 대학원, 해동고등학교 교사), 고故 박동기(동국대학교 체육부장) 등과 함께 1959년 겨울방학 때 사찰 공부 여행을 떠났다. 먼저 삼척 영은사에 탄허呑盧(1913~1983) 스님을 뵙기 위해 갔으나, 스님이 계시지 않아 며칠간 묵고 정선 정암사로 떠났다. 정암사에는 석호石虎(1912~2003) 스님에게 갔다. 그러나 정암사에서는 새로운 선불교의 결사가 시작되어 함께 있을 수 없게 되었다.

서 교수와 서옹 스님이 친숙했던 덕분에 우리는 서옹 스님께서 안내해준 철암 대승사로 갈 수 있었다. 대승사에 쌀 한 가마와 무 한 가마를 보냈으니, 거기에서 공부하라 하셨다. 그때만 해도 스님들이 공부하는 불교인들을 잘 대접해주어, 먹고 자는 것은 걱정할 게 아니었다.

다음 날 새벽, 여장을 꾸린 우리가 눈이 정강이까지 푹푹 빠지는 태백산 정상에 도착했을 때에는 이미 해가 서산에 지고 어둠이 가라앉은 때였다. 정상에 오르니 움막으로 길게 지어진 집 두 채가 있었다. 본채에 가니 서 교수가 잘 아는 태백산 무당의 본거지였다.

한밤중에 생미역과 진수성찬으로 늦은 저녁을 먹었다. 다음날 철암의 대승사에 도착하여 여장을 풀었다. 요사채가 없어서 칠성각에서 다섯 명이 자면서 공부를 했다. 아침 식사 전에 부처님께 참배할 때 삼배하는 모습을 몰라 쩔쩔매기도 하였다.

잠자고 먹는 것 외에 우리는 여기서 공부를 하면서 공동으로 원서를 읽었는데, 웨이브의 『The history of western philosoph)』이었다. 영국의 철학자인 저자는 18세기 인물이기 때문에 문장이 길고 문법이 까다로웠다. 온종일 공부해야 5~6페이지 진도가 나갈 정도였다. 우리는 거의 50일간 이곳에 있으면서 이 책을 다 읽었다. 그러자 학문에 대한 자신감이 붙으면서 공부의 새 맛을 느꼈다. 그러나 불교 속에 있으면서도 불교의 예식이나 수행 방법은 누구에게도 배울 수 없었다. 대학 2학년 때 박춘해 교수가 『육조단경六祖壇經』을 강의하면서 책상 위에서 반가부좌의 호흡법을 가르쳐주었으나, 그렇게 감동으로 와닿지 않았다. 그리고 깨달음이 무엇이며 어떻게 깨달음을 얻는 것인지에 대해서도 아무도 말해주지 않았다. 나는 깨달음의 방법이 간절했다. 하지만 간경, 주력, 염불, 간화선 등에 대한 새로운 수행 방법을 알고 스스로 수행하게 된 것은 그로부터 몇 년이 지나고 나서였다.

나는 철학 공부에 열중했다. 특히 어떻게 살아야 할 것인가, 어떠한 행위가 선인가, 선과 악이란 무엇인가 하는 윤리의 문제, 행위(수행)의 문제가 중요한 과제였다. 특히 불교의 깨달음을 얻고 유교의 성인이 되기 위해선 어떤 방법을 취해야 할 것인가, 그때만 해도 내가 아직 미숙하여 각자覺者, 성인聖人의 방법론을 이론적으로 체계화하는 것을 테마로 서양철학의 방법론을 연구하여 동양철학의 직관주의에 연결해야 한다고 생각했다. 그래서 대학원에 진학하여 서양 윤리학을 연구하기로 했다. 그리고 난 뒤에 동양의 유교와 불교를 정립하자고 마음먹었다.

대학원에서는 안호상安浩相(1902~1999) 박사에게 독일 관념론과 헤겔Hegel(1770~1831)의 논리학, 김경탁金敬琢

(1906~1970) 교수에게서 율곡 이이栗谷 李珥(1536~1584)의 철학을 배우면서 율곡의 불교관과 이기론 통합에 관심을 갖게 되었다.

1963년, 나는 군에 입대를 해야만 했다. 일반병으로 가는 것보다 월급을 받는 장교로 가기로 하고 각종 장교 시험을 보았다. 그중 해방대가 복무기간도 짧고 서울 근교의 김포에서 근무할 수 있어, 해병대 사관후보생 모집에 응시했다. 마침내 합격해 3개월 훈련을 받고 소위가 되어 6개월간의 해병 OBC(기초반) 훈련 뒤, 1964년 1월에 김포 포병 관측장교로 부임했다. 나는 관측소에 근무하면서 한 달에 하루 외박을 빼고는 철학 공부에 열중했다. 마침 분석철학자인 영국의 무어George Moore(1873~1958)의 『윤리학 원리The principle of ethic』를 추천받아 외우다시피 하며 읽었다.

1965년 3월경, 나는 서울 육군정훈학교에 입교하게 되었다. 마침 박성배 교수가 인도철학과 교수로 부임하여 대학선원의 간사 일을 맡고 있었다. 당시 대학선원장은 정선 정암사에서 한밤중에 잠깐 뵈었던 석호 스님이셨다. 마침 대학선원 법당 옆에 요사채가 있어서 그곳에 기거하기를 청하여 허락을 받았다. 동기인 김항배 교수가 대학선원 조교로 있어 둘이서 함께 석호 스님께 일본어를 배우며 처음으로 화두話頭를 받았다. 그리고 참선 방법을 지도받아 지금까지 호흡법(단전호흡)과 정전백수자庭前栢樹子 공안과 싸움하고 있다.

그때 박성배 교수가 『화엄경』, 『보현행원품』을 매주 일요일마다 강의했다. 나도 매주 일요일 강의를 경청했다. 보현십대행원 가운데 원願마다 '극미진수 제불세존極微塵數 諸佛世尊'이라는 구절이 나온다. 그런데 티끌같이 많은 모든 부처님이라는 뜻이 풀리지 않았다. 박 교수는 열심히 칠판 위에 원을 그려놓고, 그 원 속에 수없는 부처님이 계시고, 그 하나하나 속(큰 원 속의 작은 원)에 수없는 부처님이 계신다고 열변을 토했지만, 이해가 되지 않았다. 아마 박 교수도 비슷한 사정이었던지, 나중에 영동에 있는 어느 절에 가서 매일 수백 독씩 한 달 동안 『보현행원품』을 독송하니 그 뜻이 이해되었다고 술회한 적이 있다.

나는 정훈학교 교육을 마치고 김포 부대로 복귀했으며, 벙커에서 새벽마다 참선을 하며 『보현행원품』을 독송했다. 『보현행원품』 책자는 지금과 같이 잘 인쇄된 정장본이 아니라 필경하며 등사해서 실로 꿰맨 등사본이었다. 얼마나 읽었던지 나중에는 너덜너덜해졌다. 그런데 아무리 읽더라도 그 '티

끝같이 많은 부처님'의 부처님은 나에게 나타나지 않았다.

　귀대한 뒤에도 매월 외박을 나올 때면 대학선원에 들러 강의를 들었다. 전진한 선생의 『금강경』 강의와 탄허 스님의 법문(얼마 후 탄허 스님이 대학선원 원장에 취임함)의 법문을 들었다.

　그 후 1966년 3월에 교대 근무로 부대가 포항으로 이전하게 되었고, 나는 광주 육군 포병 OBC로 3개월간 교육 파견되었다. 6월에 교육을 마치고 오니 우리 포병대대가 월남에 파병하게 되었다. 관측장교로 8월에 월남으로 파병된 나는 남중국해의 검푸른 바다를 헤쳐 4박 5일 만에 캄란에 도착, 전투지에 배속되었다.

　백사장이 길게 뻗은 '투이호와'를 거쳐 '츄라이'에 이동 진지를 구축하고, 수색을 실시하는 포병중대에 배속, 포지원 임무를 맡았다. 우리 중대는 145m 고지의 산 정상 분지 근방에 땅굴을 파고 정착하였고, 수색전을 전개했다. 그 145m 고지의 분지에 사찰이 있었는데, 그 사찰에 몇 분의 스님이 계셨다. 우리는 그들을 안전하게 지켜주기 위해 노력했다.

　수색에 나가면 적의 부비트랩에 다리가 절단되는 전상자가 생기고, 어쩌다 전투가 벌어지면 피아의 시체를 장애물로 하여 몸을 숨기고 전투 식량인 시레이션을 먹기도 했다. 어두워진 저녁, 나는 부상당한 해군 위생병을 업고 긴급 수송 헬리콥터가 있는 데까지 수백 미터를 달리기도 하였다.

이때 나는 전쟁과 생사에 대해 깊은 회의에 빠졌다. 아무리 인생이 무상하다 해도 나는 아직 죽을 나이가 아니며, 죽는다면 죽어야 할 이유가 있어야 하지 않는가 하는 불안한 생각이 들었다.

나는 매일 목에 건 관세음보살에게 물어보았다. 언제 죽을지 모르는 전쟁터에서 내가 죽는다면 무슨 이유(죄)가 있는가, 내가 전생에 무엇을 잘못했나, 당신은 그것을 알고 막아주어야 하지 않는가 등을 하소연했지만, 죽음에 대한 불안은 여전히 가시지 않았다.

나는 대학 시절에 배운 모든 철학을 동원했다. 『금강경』 무상 무주 무명, 실존철학의 죽음, 병, 전쟁, 불안 등등. 그러나 그것들이 죽음의 현실을 받아들일 수 있는 합리적 논리는 되지 않았다.

그러한 고민을 하던 중 '모든 것은 인연의 소산'이라는 말이 머릿속에 번개같이 지나갔다. 결국 나라는 주체는 없는 것이다. 나의 죽음도 삶도 연기緣起라는 직관이 나를 위로했다. 그리고 스피노자Baruch de Spinoza(1632~1677)의 '인간은 자연의 하나로 자연과 필연적 관계에 있다.'는 사상이 떠올랐다.

인간의 존재도 필연이기 때문에, 죽음도 필연이요, 사는 것도 필연이요, 다만 범신론적 실체 안에서 이루어지는 존재라는 것이다. 그렇다면 인연도 필연이듯이 나의 삶과 죽음도 인연이요, 필연이지 않은가라는 생각에 이르자 마음이 편안해지고 죽음의 불안이 다소 극복되었다.

1967년 4월 말에 나는 귀국했다. 동기생 중 한 사람이 군인사법에 3년의 복무를 지키지 않는다고 당시 박정희 대통령에게 소청을 낸 것이 계기가 되어, 32기 전원이 귀국 조치와 동시에 임시 대위로 승진했다. 바로 전역이 안 되어 포항의 포병 11연대 측지장교, 정보장교를 하던 중 그해 9월 해병대에 155mm 포가 도입되면서 11대가 창설되었다. 나는 11대대 1중대장을 맡아 대대 TTT(전술훈련 테스트) 준비를 했다. 훈련 연습 중 1968년 1월 말로 전역 명령이 떨어졌다. 그러나 다음 해 2월 3일에 대대 TTT가 예정돼 있어, 그 훈련까지 마치고 2월 6일 대대 장병이 도열한 가운데 전역했다. (전역 명령이 떨어졌는데도 끝까지 훈련을 지휘했다는 포상이었고, 중대원들은 와이셔츠와 커프스버튼을 선물로 주었다.)

나는 이렇게 군 생활을 마치고 서울로 돌아왔다. 그때 석
사과정에 입학했는데, 한 학기만 등록하고 영어시험과 예
비시험에 합격하면 되었다. 등록금은 삼보법회의 장학금을
받았고, 옛날처럼 서경수 교수, 박성배 교수와 친교가 이어
졌다. 그때 마침 풍전호텔이 있는 풍전빌딩에서 매주 큰 스
님을 모시고 삼보 법회가 개설되었다. 이 법회에 관응觀應
(1910~2004) 스님께서도 강의하셨다.

『금강경』 야부송冶父頌을 이해하기 쉽게 차근차근 해석하
고 설명하실 뿐 아니라 여러 경전과 교리를 서로 비교분석하
는 관응 스님의 강의에 무척 감동하였다. 특히 선禪과 교敎는
하나로 서로 떨어질 수 없으므로 참선도 중요하다고 강조하
시던 모습이 눈에 환하다. 그리고 탄허 스님은 『장자』를 선해
禪解로 강의하셨다.

그해 8월에 나는 석사학위를 받았다. 제목은 「무어의 선에
관한 연구」였다. 마침 대학생 불교연합회에서 여름 수련대회
를 해인사에 간다고 해서 따라가기로 했다. 일주일간의 수련
기간 중 성철性徹(1912~1993) 큰스님의 법문이 있었는데, 윤회

가 과학적으로 증명된다는 내용이었다. 최면을 통한 전생 여행에 관한 말씀도 있었다. 수련회가 끝나기 전날 3천 배가 있었다. 나는 그때 박성봉 경희대 교수, 박희진 시인 등과 함께 갔는데, 우리는 왈가왈부하다가 대학생들과 함께 3천 배를 시작했다. 오백 배쯤 하다가 박희진 시인은 이것이 뭐냐 하며 중단하고 내려가버렸고, 박성봉 교수와 나는 그만하자는 말 없이 묵묵히 절을 했다. 절반쯤 하니 박희진 시인의 용기 있는 포기가 그리워지기도 했다. 그러나 나는 해야겠다는 오기로 3천 배를 끝냈다. 그때의 그 상쾌함과 자신감이라니…. 나는 그때부터 신념의 마력을 믿었다.

석사학위 이력서를 여기저기 내놓았으나 그 어떤 대학에서도 강의 요청이 없었다. 집에서 쉬는 동안 임시로 직장을 가지라 해서 형님이 소개해주는 지금의 KT 임시직으로 취직했다. 하는 일이란 전보 통계를 기록하는 일인데, 내 앞 내 옆 모두가 대학 출신이고 계장은 나와 함께 석사학위를 받은 사람이었다. 매일 출근할 때마다 도살장으로 끌려가는 느낌이었다.

12월 21일, 캐럴과 크리스마스트리가 눈부시게 광화문 네

거리를 뒤덮고 있었다. 나는 직장 근무 20일 만에 용기를 냈다. 스피노자가 정신적 자유를 위해 베를린대학 초청 교수를 수락하지 않은 것을 떠올리며 사표를 냈다. 광화문의 노란 은행잎이 찬바람에 떨어져 흩어졌다. 나는 자유의 환희를 느끼며 광화문을 걸었다.

1969년 1월 2일, 박성배 선생이 미국 유학을 떠나기 전 성철 큰스님께 인사하러 간다고 해서 나도 가면 안 되겠느냐고 하니 쾌히 동행을 허락했다. 당시 나는 앞이 꽉 막혀 있었다. 어떤 대학에서도 강의 초청이 없어서 막막했다. 이참에 해인사에 가서 부처님께 매달려 기도를 해보자고 굳게 결심했다. 박성배 선생과 함께 성철 스님께 인사를 드리니 마침 정암사에 계셨던 보성(1928~2018, 송광사 방장) 스님이 와 계셨다. 성철 스님은 독성각에서 새벽에 천 배, 사시에 천 배, 저녁 예불에 천 배를 하라고 친절히 일러주셨다. 인사를 하고 내려오니 보성 스님이 총무방에서 함께 기거하며 기도를 드리라고 과분한 배려를 해주셨다. 얼음이 얼고 찬바람이 가슴속을 아리는 새벽에 청수를 떠서 부처님께 바치고, 천 배를 시작했다. 순일무잡하게 이루어져야 하는데, 한 배 한 배가 번뇌망상이었다. 번뇌망상과 싸우다 보니 천 배가 끝났다.

그렇게 일주일이 지났다. 나는 스스로 반성했다. 진정 이 기도가 나의 것이라면 부처님께 절을 할 때마다 기쁘고 환희에 차야 할 텐데, 이렇게 번뇌망상이 많고 고통이 따른다면 결코 아직은 나의 것은 아니지 않은가. 한 배 한 배가 진정 기쁨에 차서 부모님 품 안에 있는 어린아이의 심정이 되도록 절실하게 하겠다고 마음을 다졌다.

8일째 되는 아침에 성철 큰스님이 주석하는 퇴설당에 올라가 "이제 가겠습니다. 기도 마쳤습니다." 말씀드리니 웃음으로 하산을 허락하셨다. 보성 스님의 환대에 감사하며 일주문을 나서니 번뇌망상이 사라지는 듯한 자유를 맛보았다.

대구로 해서 서울에 오니 뜻밖의 전보가 한 통 와 있었다. 국민대학에서 1월 20일까지 와서 면접을 보라는 내용이었다. 진정 이러한 기쁨의 통지는 그 누가 주었는가? 일주일간의 해인사 독성각의 기도 가피임이 틀림없다고 생각되었다. 좀 멋쩍었지만 나는 기도의 기복을 맛보았다. 나는 이때부터 기도를 알게 되었고 부처님은 믿는 만큼 복을 준다는 사실을 깨달았다. 불교의 주변만 돌아다니며 방황했던 나는 지성보다 높은 믿음의 세계가 존재한다는 것을 새롭게 느꼈다. 『보현행원품』 독송, 참선 등의 수행이 허망하지 않았고, 마음에 있는

것이 현실로 나타난다는 일체유심조一切唯心造의 진리를 터
득했다.

1969년 국민대에 취직했으나 많은 우여곡절을 겪었다.
1972년에는 이기영(1922~1997) 박사가 총장으로 오시고, 나
는 대학생불교연합회 국민대 불교학생회 지도교수를 맡고 있
었다. 은사이신 이기영 박사님이 나에게 신문사 주간을 맡으
라고 해서 얼마간 보직을 수행했다. 불교학생회 지도교수이
기 때문에 방학 때마다 사찰에 가서 수행하고 스님들의 법문
을 들었다.

1972년 대학생불교연합회 하계수련대회가 경주 화랑의집
에서 열렸다. 광덕(1927~1999) 스님이 대불련의 고문이셔서
법문을 해주셨다.

스님과 나는 2층 침대 아래위층에 기거했다. 스님은 밤새도
록 잠을 주무시지 못하고 괴로워하시는 듯했다. 아침에 어디
편찮으시냐고 물으니, "치통이 놀아달라고 보채서 이놈하고
놀아주다 잠을 설쳤다." 말씀하셨다. 이 얼마나 멋진 대답인
가. 그전에도 나는 광덕 스님이 훌륭하고 존경스러운 스님이

라고 믿고 있었으나, 이 말씀에 더욱 믿음이 갔다.

대학교수가 되어서도 여전히 불교는 내 생활의 일부였다. 수유리 화계사 근처에 살던 나는 더욱 신심을 내어 1973년부터는 새벽에 일어나 화계사에 가서 108배를 하고, 『금강경』과 『보현행원품』을 독송했다. 내가 목탁을 치고 염불을 하니 사중 스님이 목탁을 치지 말라고 했다.

마침 숭산 큰스님께서 미국에서 귀국해 계셨다. 큰스님께 인사드리니 교수가 새벽에 108배하고 염불과 독경을 하니 믿음직스럽다고 하시면서 불자 교수가 학교 발전에 기여해야 한다고 용기를 주셨다. 그리고 송 교수는 목탁을 치고 기도해도 된다고 허가했다고 나중에 말씀하셨다. 나는 1998년까지 거의 매일 25년간을 108참회로 기도했다.

1974년 이기영 박사께서 한국불교연구원을 개원했다. 그리고 불교교양 강좌를 개설하고 강좌를 끝낸 불자들을 모아 구도부를 창설하였다. 이기영 원장, 서경수 지도위원, 이용부 간사 등과 함께 나도 참여해 구도를 하였다.

1975년 여름방학 때에는 통도사로 50여 명이 구도 수련을 떠났다. 이기영, 서경수 교수의 강의와 종범 스님의 『화엄경』 강의도 열렸다. 수련대회가 거의 끝나갈 무렵에 극락암 경봉

鏡峰(1892~1982) 큰스님을 친견하고 법문을 들었다. 스님께서는 "이 세상은 꿈이다. 이 꿈속의 세상에서 한바탕 연극을 하라."고 하셨다.

삶이 꿈속의 연극이요, 연극이 연극인 줄 알고 꿈인 줄 알면 곧 참 나, 진실한 세계를 볼 수 있다는 내용이었다. 그날 저녁 밤새도록 흥분하면서 큰 환희로 잠을 설치고, 이튿날 새벽에 일어나자마자 극락암으로 달려가 큰스님께 삼배로 문안을 드리니 웬일로 다시 올라왔느냐고 친절히 말씀하셨다.

나는 "스님께 법명을 받고자 합니다."라고 말씀을 드렸다. 그러자 스님께서는 두말없이 시자에게 지필묵을 가져와 먹을 갈라고 하시고 내 이름을 묻고 즉석에서 '취산翠山'이라는 법명을 주시면서 게송을 써주셨다. '설후시지 송백조雪後時知松栢操, 사난방견 장부심事亂方見 丈夫心, 눈이 온 뒤 송백의 지조를 알 수 있고, 어려운 일을 당해야 장부의 마음을 알 수 있다.'

나는 이 글을 액자로 만들어 일생의 좌우명으로 삼고 있다. 사실상 그때 처음 정식으로 법명을 받고 취산이라는 불자가 되었고, 지금까지 이 법명을 자랑스럽게 쓰고 있다. 법명처럼 항상 푸른 산같이 살려 한다.

1975년 초 광덕 스님께서 불광법회를 창립했다. 1975년 말 큰스님께서 전화하셔서 불광법회를 체계적으로 조직하고자, 구도의 사명이 있는 불자들과 구도법회를 출발시키는 데 함께하자고 하셔서 불광법회 부회장 겸 전법위원장을 맡게 되었다.

우리 불광 식구들은 매주 목요일 정기법회, 매주 셋째 토요일 철야정진 법회, 매주 넷째 일요일 순회법회를 하면서 신심을 다졌다. 나는 이때부터 부처님의 진면목을 알기 위해 스스로 수행을 해야지, 글과 이론의 관념으로서는 깨달음의 세계를 맛볼 수 없음을 자각했다. 불광은 그 믿음의 체계가 확실했다. 『금강경』과 『육조단경』의 「반야품」, 그리고 그 실천은 『화엄경』, 『보현행원품』이다. 『금강경』을 통하여 진리의 참모습은 무상無相, 무명無明, 무주無住임을 깨닫고, 그 깨달음을 기초로 우리 마음은 본래부터 청정하고 절대적이며 무한 능력을 확인한다. 그것이 확인되면 일체중생이 부처이기 때문에 겉모양이 어떻게 생겼든 부처로 예배 존경하고, 칭찬의 말을 통하여 보현십대행원을 실천하는 것이다. "보현행으로 보리 이루리!"

나는 이제껏 불교의 변두리만 헤매고 다니다 광덕 스님

의 믿음 체계에 의하여 수행하면서 방향과 목적을 찾았다. 1965년부터 10년 이상 의심이 꽉 차 있던 응어리가 드디어 터진 것이다.

광덕 스님은 1976년 말쯤 『화엄경』, 『보현행원품』을 강의하셨다. 나는 그때 스님께서 극미진수 제불세존極微塵數 諸佛世尊을 어떻게 설하는지 신심信心을 기울여 들었다.

스님이 "그 티끌같이 많은 부처님은 일체중생九類衆生, 곧 우리의 부모 형제, 인간이다."라고 하시자, 나의 십 년 묵은 체증이 확 뚫렸고, 머릿속은 텅 비어 맑고 밝아졌다. 그때 나는 알았다. 모든 세계는 우리의 일념에서 구축되어 있어 마음이 없으면 이 세계도 없는 것이다. 그 많은 부처님은 우리다. 모든 것은 불성을 가지고 있다. 일체유심조, 마음에 있는 것이 현실에 있다. 우리의 마음은 청정하고 무한한 능력을 가지고 있다.

깨달음을 얻으니 그때까지 해석이 안 되던 경전의 곳곳이 이해되었다. 나는 부처님의 진정한 제자로서 무주상보시無住相布施를 터득하였다. 나는 지금까지 그러한 기초에서 믿음을 실천하려고 노력하고 있다.

1977년 3월에 동국대학교 불교대학 철학과로 자리를 옮겼다. 나는 더욱 수행에 매진하면서 박사학위를 준비했다. 나는 한국철학과 중국철학사를 가르쳤는데, 1980년 중화민국 대만대학 철학연구소로 수학을 위해 떠났다. 타이베이에 도착하여 가오슝의 불광산 불광사로 참배를 갔다. 그때 마침 문화대학에 유학하고 있던 법산 스님과 함께, 불광사에서 성운性雲 스님을 친견하였다. 그 후 법산 스님과 나는 경일학당을 빌려 교민들에게 불교 교육을 했고, 그것이 계기가 되어 손건 선생(타이베이 거주 사업가)과 법산 스님은 마침내 타이베이시에서 한국불교흥법원을 세울 수 있었다.

　나는 불교의 이치를 원용하여 원시 유가를 발현시켜 성리학性理學을 연구하였는데, 특히 불교의 영향을 많이 받은 율곡 선생의 성리학 연구로 박사 논문을 쓰기로 하였다. 매일 108참회와 기도를 하면서 원고를 써나갔다. 율곡 선생이 이기理氣를 말하는 내용 중에 이통기국理通氣局이 이기의 특징이라고 설명하는 대목이 있다. 이는 무성, 무취, 무위이니 영원하다. 기는 유형, 유위이기 때문에 유한하다. 그런데 이기는 하나면서 둘이고, 둘이면서 하나다. 이는 이요, 기는 기로 각자 독립성을 유지한다고 한다. 어떻게 해서 기국氣局, 즉 기는 국한되어야 하는가, 나는 이것을 2주 이상 식음을 전폐하다시피 하면서 골똘히 생각했다. 마침내 불교의 반야般若(지혜)는 번뇌망상에서 일어난다. 심心, 불佛, 중생衆生이 하나다라는 경전 말씀이 떠올랐다.

아! 그렇다! 이는 불교의 불성, 지혜에 비교하고, 기국은 번뇌망상에 비교하니, 불성, 지혜는 영원하지만 번뇌, 망상이 없으면 불성, 지혜가 어디서 나오는가? 또 심으로 비교할 때 심은 두 종이 있으며 본원심本源心과 무명취상심無明取相心으로 나누니 본원심은 생멸生滅이 없는 이요, 무명취상심은 생멸이 있는 기로서 번뇌, 망상이다.

따라서 기국이 아닌가. 심, 성, 정으로 볼 때도 율곡은 심心은 기氣라고 했다. 심은 이와 기가 함께 있어도 움직이는 것은 기이기 때문에 이는 보이지 않는다. 따라서 생멸하는 정情(통칭 칠정七情, 정은 수만 가지로 나타남)은 기국이고 그것이 가라앉으면 이理가 드러난 성性이라고 볼 수 있다고 생각했다.

따라서 이통기국의 참뜻을 깨닫고부터 단번에 학위논문을 썼다. 마침내 1981년 가을 학기에 율곡철학 연구로 박사학위를 취득했다. 이때부터 더욱 연구와 정진을 계속했다.

1986년 2월 황수영 총장이 임기를 끝내고, 지관智冠(1932~2012) 스님이 11대 동국대학교 총장으로 선출되었다. 스님이 필자를 총무처장으로 임명하여 보직을 맡았다. 취임해보니 의과대학 부속병원을 건축해야 했다. 총장의 명을 받아 경주 부속병원 부지 46,000평을 취득했다. 나는 그 땅을 살 때 매일 기도를 했다. 살 수 없는 땅을 부처님 은혜로 취득한 것이다. 총무처장을 끝내고 의료원 기획실장을 맡아 의료원 체계를 확립하였다. 그러다가 1989년 말에 입학부정이 생겨 의료원 발전의 플랜을 수행하지 못하게 되고, 지관 총장님이 2차 연임 한 달 만에 퇴임하셨다. 나는 의료원장에 임명되었으나 새로운 총장서리에게 사표를 내고 평교수로 돌아왔다.

1990년 4월에 나는 동국대학교의 개혁을 내세우면서 총장직선제를 주장, 총장선거에 임했다. 10월 12일에 선거에서 나는 1등을 했으나, 1991년 2월 이사회에서 한 표 차로 2등을 한 민병천(1932~2011) 교수가 선임되었다. 그 절망감은 이루 말할 수 없었다. 그러나 부처님 말씀이 생각났다. 모든 것은 나의 속세 죄업의 결과다. 오늘 내가 선임되지 못한 것은 죄업 소멸의 한 과정이라는 것. 나는 그날 밤 모든 스님 이사분들께 "스님, 오늘의 일은 모든 저의 죄업 소멸로 생각합니다. 그동안 감사했습니다."하고 인사를 드렸다.

1993년 3월에 부총장에 임명되어 민병천 총장을 보필하면서 교과과정 개혁을 주도했다. 1995년 1월 27일, 총장 직선투표에서 나는 또 1등을 했다. 동료 교수들과 직원 선생들에게 고마움을 느꼈다. 재단에서 만장일치로 13대 총장에 선출되었다.

총장이 된 나는 대내적으로는 인화를 통한 과감한 개혁, 대외적으로는 홍보를 강화하고자 하였다. 홍보는 업적이 있어야 한다. 그러기 위해 교육개혁, 일산에 불교병원을 건립하고자 했다. 이를 위해서는 자금이 있어야 했다. 그 자금을 모금하기 위해 1996년에 힐튼 호텔에서 대대적인 모금행사를 실시했고, 하룻밤에 76억 원의 기부금을 모았다. 1999년에 14대 총장에 재임하여 2003년 2월에 정년퇴직하기까지 8년 동안 500억을 모금하여 불교병원 건립의 기초를 세웠다.

나는 동국대학교 중흥의 하나로 교세를 확장하고, 그러기 위해 우리에게 취약한 과학, 의학의 발전에 헌신하고자 했다. 교세를 확충하기 위해 학부생 증원을 꾀했다. 당시 서울 시 내의 대학 정원이 막혀 있었는데, 마침 김영삼 정부에서 IT 전산계 학생 증원이 있어 150명을 증원했고 대학원, 경주 캠퍼스 등 약 500명을 확충했다. 대학입학 정원을 500명을 증원하여 3,300명까지 늘림으로써 일약 대단위 대학으로 도약했다.

또한 갖은 고초를 다 겪으면서 경기도 일산에 동국대학 불교병원을 건립했다. 1998년에 기공하여 2002년 9월 27일에 준공을 보았는데, 대지 25,000평에 건축면적 12,000평, 1,000개 병상을 갖추는 데 건축비 1천억 원이 소요되었다. 그때까지 불교재단은 소위 약국 하나도 짓지 못했는데, 불교병원의 건립은 곧 부처님의 보살행의 현대적 징표이기도 하고, 동국대학교의 사명이기도 하였다. 이것은 나의 힘이 아니라 모든 불자들의 성원에 힘입은 것이고, 나는 그저 부처님의 시봉으로 심부름을 했을 뿐이다.

그리고 2003년 2월 말 정년퇴직을 했다. 대학교수로 돌아와 대학원생을 지도하고 연구생활을 이어가는 중에 동덕여대 총장이 되었다. 그렇지만 학교 내의 재단, 교수, 학생들의 갈등으로 야기된 학생 유급 사태를 막기 위해 사임했다. 다시 연구와 강의를 하다 뜻하지 않게 부산의 국제신문 발행인 사장을 맡았다. 2008년에는 다시 가천의과대학교 총장으로 초빙되었다. 그러면서 2010년에 대통령 직속 사회통합위원장을 맡았다. 2012년 경원대학교와 가천의과대학교를 가천대학교로 통합시키고 학계를 떠났다. 그리고 1년 후 생각지도 않은 삼성꿈장학재단 이사장이 되어 4년간 장학생들과 뜻깊은 인연을 맺었다. 이 일을 2018년에 끝내고, 2019년부터 삼성경제연구소 고문을 맡아 2021년 6월에야 비로소 소임에서 풀려났다.

아아, 그러나 그것들은 모두 꿈이요, 허깨비요, 이슬이요, 그림자였다. 나를 찾는 데에는 아무런 보탬이 없었다.

마당 귀퉁이 장미나무에 가을 장미가 피었다. 그러나 이내 내린 눈과 비바람에 꽃잎이 다 떨어지고 몇 개의 꽃술과 함께 열매만 남게 되었다. 그날 나는 나의 처지가 그 꽃과 같다 여기며 한 번 크게 웃었다.

이제 내 나이 83세, 무엇을 다시 시작하기에는 너무 늙었다. 돌아보니 대학교수로 보직 없이 끝마치지 못하고 교육행정가로서 퇴임해야 했던 것이 아쉽다. 그러나 그것도 나의 인연이고, 그때그때마다 성실히 임해 성취가 있었음에 감사한다. 나는 나를 찾기 위해 철학과를 선택했었다. 그리고 그곳에서 불교 수행방법인 활구참선活句參禪을 만날 수 있었다.

지금까지 내 삶의 과정은 내 안에 있는 부처님을 찾기 위한 실험의 몸부림이었다.

이제 무엇을 더 바랄 것이 있으랴. 진정 모든 것을 내려놓고 죽을 때까지 내 안의 부처님을 찾기 위해 참선에 매진해

야 한다. 역대 조사의 선어록과 그를 통한 실수實修에 전념한
다. 인천 용화사 송담松潭 스님의 녹음법문을 들으면서 수행
한다. 이제 그 길밖에 없다. 나의 주인공을 찾아야 생사의 일
대사인연이 해결된다.

죽음을 선험先驗하기 위해서는 의식이 우선 성성적적惺惺寂
寂(깨어 있으면서 고요함)하고 그러기 위해 화두가 순일하고 의
단疑團(마음속에 풀리지 않는 의심)이 독로獨露해야 하는데, 너
무 간단間斷이 많다. 그러나 밀고 나가자, 어찌 생사 해탈의
길이 쉽기만 하겠는가?

다만 화두를 들어 이 칠통漆桶(까맣게 옻칠을 한 통)같은 의
심을 깨치는 것이 소원일 뿐이다. 80세에 출가하여 83세에
깨쳤다는 인도의 협脇 존자를 거울삼아 나는 오늘 새벽에도
좌복에 앉아 화두를 든다. 지금 이 순간도 일념一念 한 생각
을 잘 다스리려고 애쓰고 있다. 그저 죽을 때까지 이 일을 할
뿐이다.

※『불교평론』 2020년 겨울호 통권 84호, 「나의 삶, 나의 불교, 부처님 울
타리 속에서 평생을 살다」 중 발췌
※『문학의집 서울』 소식지 242호, 「한 번 크게 웃을 수밖에」 중 발췌

길 위의 길

1판 1쇄 인쇄 2022년 3월 14일
1판 1쇄 발행 2022년 3월 30일

지은이 송석구

펴낸이 최준석
펴낸곳 한스컨텐츠
주소 경기도 고양시 일산서구 강선로 49, 404호
전화 031-927-9279 **팩스** 02-2179-8103
출판신고번호 제2019-000060호 **신고일자** 2019년 4월 15일

ISBN 979-11-91250-06-0 03100